AF575754

Painting is the meditation
The place I go to find and reinvent myself
Where I touch the hands of my ancestors
I am a Mohawk when I paint.

— TOM WILSON TEHOHÁHAKE

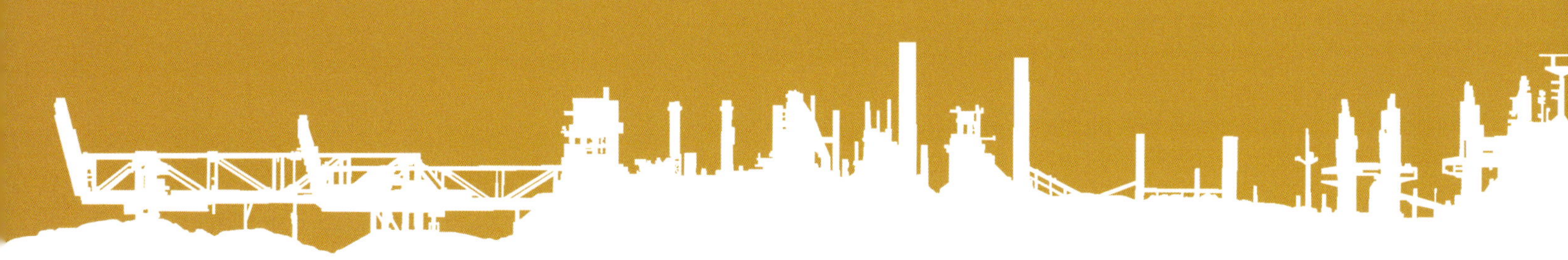

Kkontsheráhrhos tsi ní:tsi tha'tekate'nikonhrató:tats
Eh nón:we katatia'tatshénries tánon á:se skatatón:nis
Eh nón:we teiakwatatenéntshas ne akhsotshera'shòn:'a
Kanien'kehá:ka na'tia'tò:ten nó:nen kkontsheráhrhos.

— TOM WILSON TEHOHÁHAKE

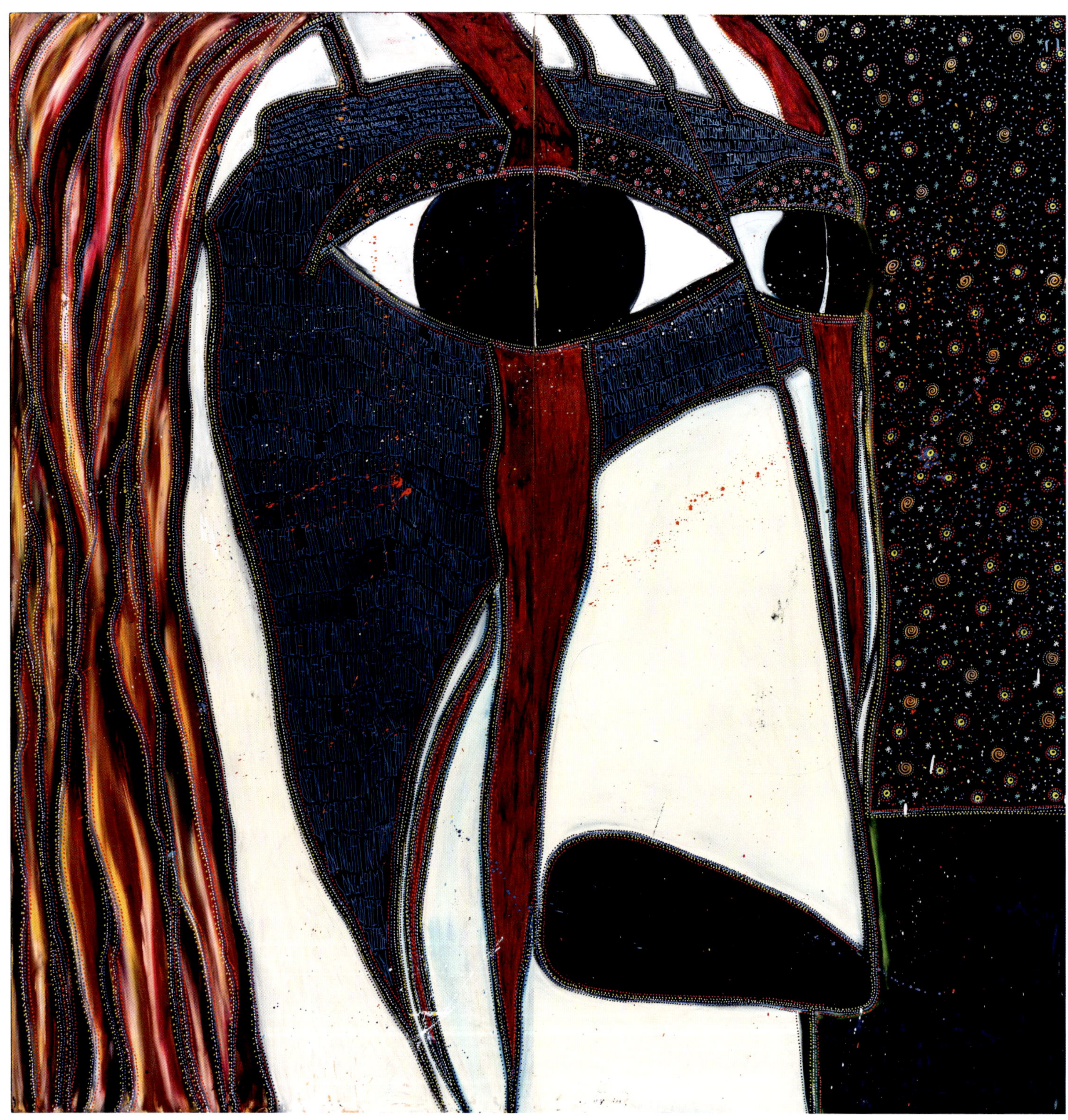

Mohawk Handsome | Kanien'kehá:ka Ronkwe'tí:io, 2018
152.4 × 152.4 cm
oil on board | kén:ie ohson'karà:ke iá:ore
(Bob Hatcher)

CONTENTS

TSI NÍ:TSI TEKAIÀ:KHON

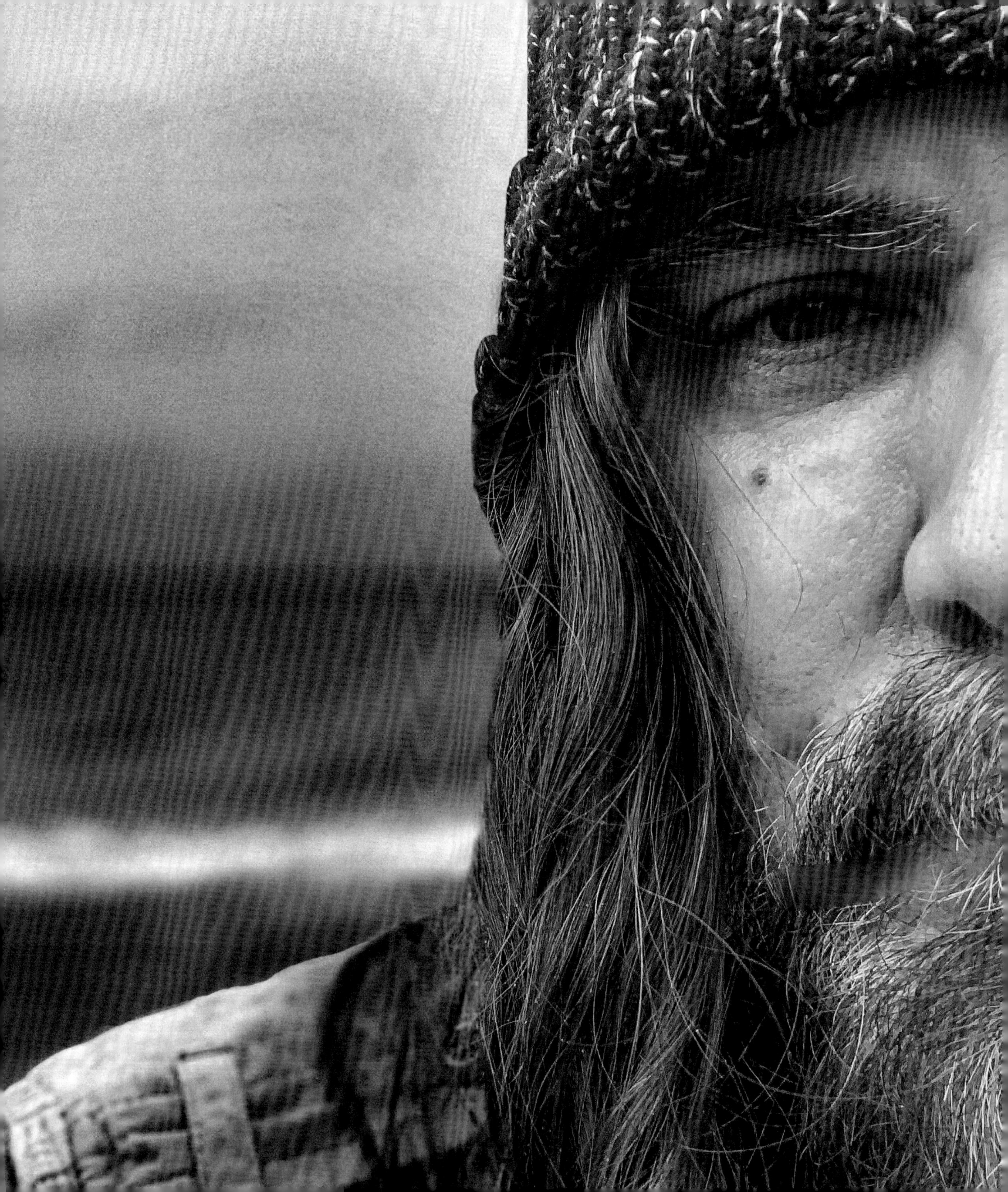

INTRODUCTION

DAVID LISS

Tom Wilson Tehoháhake is best known as a Juno Award-winning singer, songwriter, musician, and performer. Starting as a folk singer in the late 1970s, Wilson has performed in numerous bands, as a solo act, and has written songs for others. He is driven by a restless creative spirit and an unflagging commitment to artistic expression. Since the mid-1990s, he has painted his distinctive visual imagery on guitars, amplifiers, canvas, board, and other surfaces. As an accomplished musician, writer, and painter, Wilson is remarkably fluent in a range of media.

Tom was in his fifties when he learned in 2015 that he was adopted and that his birth mother was Mohawk from the Kahnawake reserve outside of Montréal. This shocking discovery had a catalytic impact on his life and art. In 2017, he released his bestselling autobiography, *Beautiful Scars*, chronicling his life growing up in Hamilton, Ontario, the evolution of his music career, his triumphs and struggles, and his coming to terms with the truth of his identity.

I first met Tom in 1980 at the Dundas Valley School of Art, just outside of Hamilton, Ontario, where I was a student and he was hired to strum his guitar at a reception there. Being involved in the local music scene as I was, I introduced myself to the lone stranger and discovered our mutual interests in folk music, realizing we must have been at some of the same shows a few years earlier at the legendary Knight II coffee house. Not long afterwards, Tom emerged onto the Hamilton music scene kicking and screaming as the frontman for local roots-based rockers, The Florida Razors. At the time, I was booking bands at a dive bar in the city's west end with manager and promoter Stewart H. Pollock, who already knew Tom from growing up together in Hamilton's east Mountain neighbourhood. There are too many stories to tell here about the shared adventures and experiences that ensued over the next couple of years, but we have been friends and colleagues ever since, connected through art, family, and the close-knit circles of the Hamilton music

Tom Wilson Tehoháhake (Madeline Wilson)

and cultural scene. When I later moved to Montréal to continue my studies, I became involved in the music scene there, booking bands into bars and clubs, including The Florida Razors and other groups from Hamilton. While passing through Montréal, Tom developed a keen interest in visual art and visited my various studios over the years. By the early 1990s, he had taken up painting, and our conversations and exchanges evolved from music to literature and art.

Fast forward a few years to 2017, now living in Toronto, I received a call from Robert Steven, director of the Art Gallery of Burlington at the time. Knowing I was from Hamilton, he asked if I knew Tom Wilson and if I would be interested in curating an exhibition of his artwork at the AGB. Funny how sometimes life moves in circles...

Having known Tom for years, I was taken aback when he announced, in 2015, his discovery of his Indigenous identity. The impact of this profound revelation, which is well-recounted in his book, *Beautiful Scars*, ignited in him a deep and ongoing quest for the truth of his heritage and history. While Tom had been painting for many years — and continues to be prolific, now including installation, sculpture, and video — his visual art practice immediately took on a renewed and urgent purpose as a means of exploring and understanding his identity and his relationship to it. Along with evolving vibrant imagery in a distinct, highly accomplished style, his work during this period represents his intensely personal journey. But perhaps more importantly, under the circumstances of the work's creation and within the context of the fraught relationship between Indigenous Peoples and non-Indigenous people in Canada, this series also stands as a much larger statement. Here Tom has emerged as one of many Indigenous cultural voices that have risen up in recent years to confront the injustices inflicted upon them by the colonial state. He harnesses the vocabulary of visual art to connect to the lineage of his heritage and elicits the expressive power of images to communicate with poetic force. The work evokes the ancestors — the warriors, the hunters, and the Chiefs — to link with his past as a means of negotiating the present while standing courageously poised at the cusp of an unknown and, hopefully, more just future.

Tom Wilson Tehoháhake comes from a long storytelling tradition, and he has lived his life as a storyteller. His artwork is another chapter in his story.

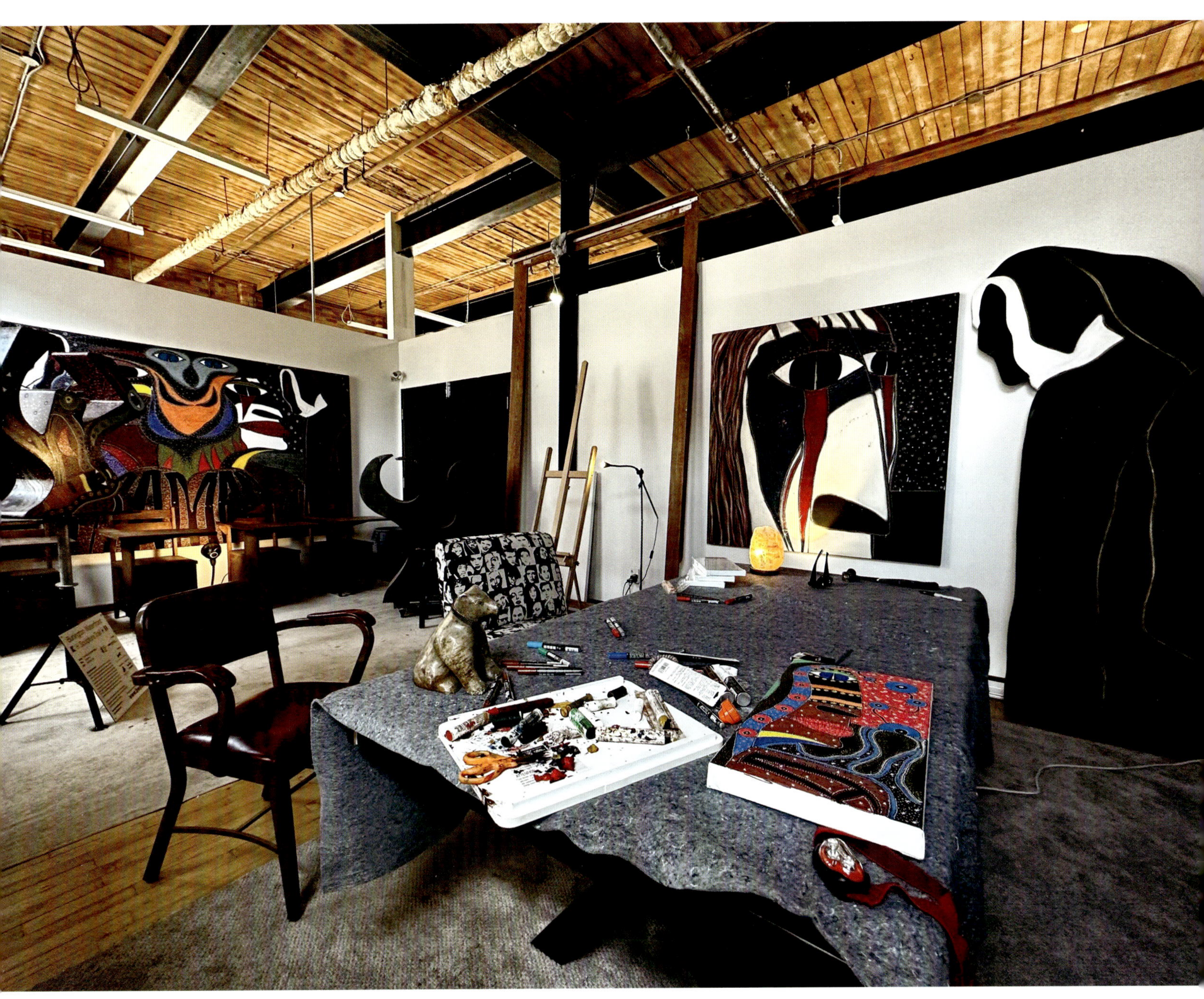

Tom Wilson Tehoháhake's studio, Cotton Factory, Hamilton |
Tehoháhake tsi ranonionnià:tha, Cotton Factory, Ohrón:wakon
(Tom Wilson Tehoháhake)

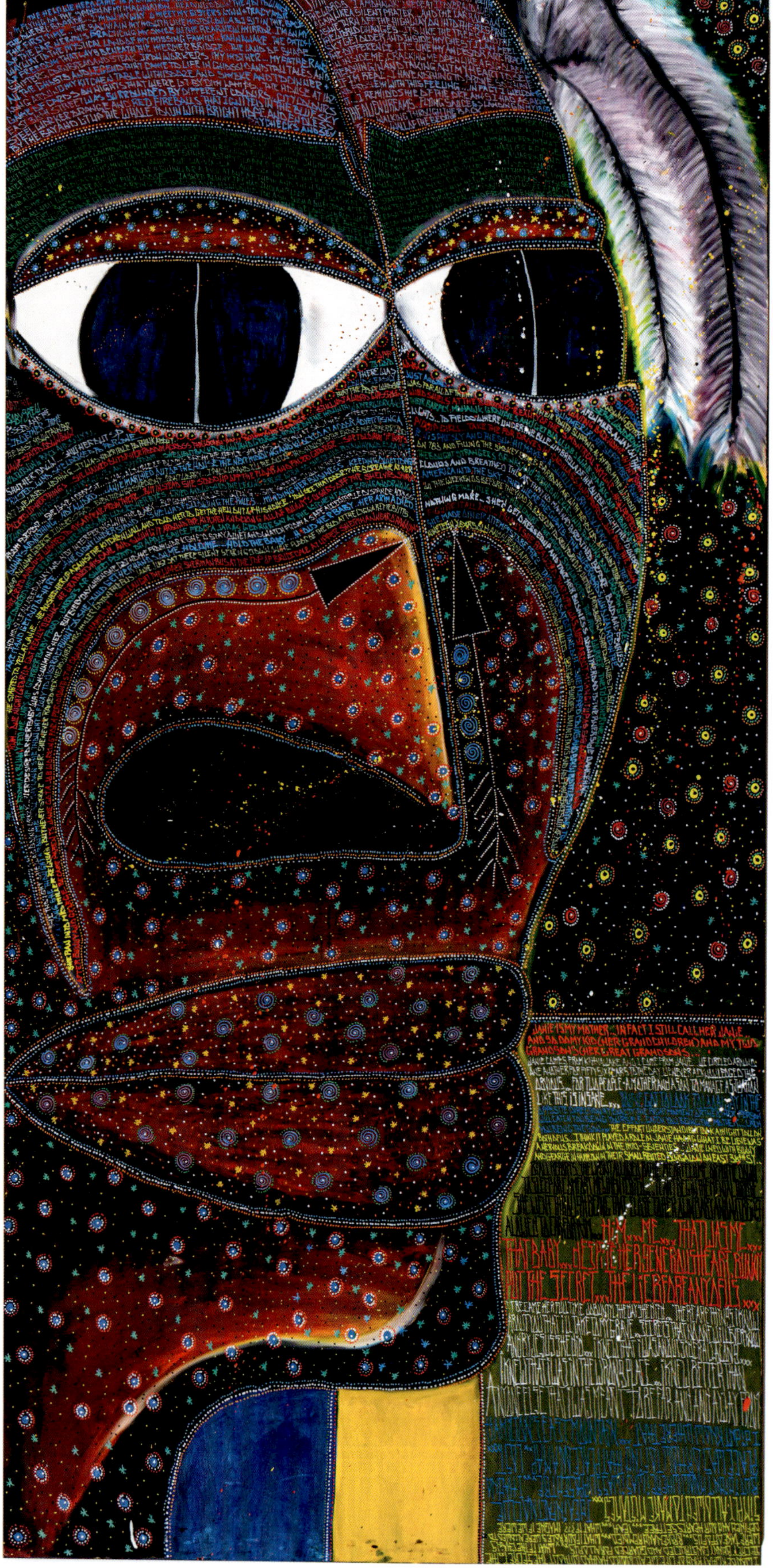

Identity | Tsi Ní:tsi Iontatia'tahnótha, 2018
243.84 × 121.92 cm
oil on board | kén:ie ohson'karà:ke iá:ore
Private collection | Karihwahséhton watkennisa'áhton
(Bob Hatcher)

KARIHWAHÉN:TE

DAVID LISS

Rahsennó:wanen ne Tom Wilson Tehoháhake tsi Juno Award tehotèn:tshon tsi raterennótha, tsi rarennón:nis, tsi ionterennotáhkhwa raterennótha tánon tsi shakoterennotá:nis. Iottíhen ne 1970 shiiohserò:tens tahatáhsawen tsi onkwe'ta'kéha raterennótha, wahakwé:ni nia'tekanèn:rake wa'thonterén:naieste tánon ne raonhà:'ak ahaterennó:ten, tánon ó:ni tsi é:so iá:kon wahshakorennónnien. Tsi rotién:ni ne ioia'tiiónhkhwa atónhnhets tánon tsi iohní:ron tsi nihotste'nià:ron nahrè:neste tsi nihanonión:ni, tsi náhe 1990 sha'tewahsennénhshon shiiohserò:tens shihakontsheráhrhos ne thihononwaténion ne o'nowa'kéhshon, teken'tonharehrastha'kéhshon, óskare onahstonhkwa'kéhshon, ohson'kara'kéhshon, tánon noià:shon è:neken nonkwá:ti. Tsi kwah tokèn:'en roweientehtà:'on tsi raterennótha, rahiá:tons, tánon rakontsheráhrhos, ionehrákwaht tsi niiotitióhkwake ionte'nikonhrorià:tha teioiahià:kon tsi ní:kon raweién:te.

Í:non niiò:re rotawenhratónhne ne wísk niwáhsen ne Tom ne 2015 shiiohserò:ten, shahotó:ken'se tsi watewiraráקwen nihaia'tò:ten tánon iakonkwehón:we Kanien'kehá:ka na'eia'tò:ten ne rao'nistenhsera'ón:we Kahnawà:ke nitiakawé:non átste nonkwá:ti ne Tiohtià:ke. Kwah tokèn:'en wa'tio'táhkwa'te ne tsi ní:tsi rónhnhe tánon tsi ní:tsi ranonión:ni tsi wahotó:ken'se kí:ken iorihwanehrákwaht. 2017 shiiohserò:ten wahaiá:kenhwe raohiatónhsera iontatia'tahnotáhkhwa ne kwah é:so watenhní:non, *Ioskatsténion Iotewihrá:ron*, tekaià:khon wathró:ris tsi ní:tsi thotonhnhahténtion ne Ohrón:wakon, Kaniatarí:io nonkwá:ti, tsi ní:tsi teiotténion tsi ní:tsi raterennótha, tsi ní:kon rorihwakweniónkwen tánon tsi ní:kon tehotatienhtánion, tánon tsi ní:tsi skén:nen tsi niho'nikonhrawèn:'en ne ka' nithothwatsirí:non.

1980 shiiohserò:ten tontié:renht wahiientéhrha'ne ne Tehoháhake Dundas Valley School of Art nón:we, kheh átste nonkwá:ti ne Ohrón:wakon, Kaniatarí:io, eh nón:we shes tkateweiénstha tánon wahonwáhnha'ne naharenhsotarakaránie rao'nó:wa ne tsi tkanenhrón:ni. Tho shos tia'tarátie ronterennótha tsi thotinenhraién:ton neh nón:we, wa'katatenà:ton raohén:ton thí:ken roia'tanekhé:renht sok thò:ne onktó:ken'se tsi sha'teiakeninòn:we's ne onkwe'ta'kéha karén:na, tánon onktó:ken'se ó:ni tsi tohkára ne shà:ka iontiaterohrokhónhne ne tho Knight II tsi iontkawhehtsherahninòn:tha tohkára niiohserá:ke nohén:ton. Iah karì:wes ohnà:ken, kwah rarahsentonkwà:ne tánon tehohenrehtà:ne tsi wahoia'takè:tohte ne Tom ne Ohrón:wakon ronterennótha tsi thotinenhraién:ton tsi ohén:ton wa'thá:ta'ne ne aktóntie nithonatenenhrí:non tehatikarèn:rons ronterennótha, The Florida Razors. Ne tho shontakahá:wi, ohén:ton ì:rate tánon shakohsennowanáhtha Stewart H. Pollock skátne wa'tiakeniié:na tsi taiakeninenhrínion'te ronterennótha eh nón:we ne nikanonhsà:'a tsi ionthnekahráhkhwa ia'tewatshénthos nonkwá:ti kaná:takon, ó:nen shihoienté:ri ne Tom ase' ken skátne ronatehià:ron Ohrón:wakon tsi tkarahkwíneken's tionón:te nonkwá:ti. Sótsi wakkarakà:te ne ken' nón:we ne tsi ní:kon teiontiatohétston tánon tsi nón:we teiontiatstekáwhon tohkára nontohseróhetste ohnà:ken, nek tsi tho náhe shiiontiatén:ro sha'teionkenirihwaienawà:kon, nè:'e teionkenì:nerenks ne kanón:wa, kahwá:tsire tánon ne Ohrón:wakon karén:na tánon kaweién:na rotinenhraién:ton. Tsi Tiohtià:ke ia'kátien ne iaonsakatahsónteren tsi katerihwaiénstha, tho nón:we ó:ni ken' niahà:tiere ne ronterennótha rotinenhraién:ton, tsi ionthnekahráhkhwa tánon tsi tethatinonniáhkhwa wa'khehsennínion'te ne ronterennótha, eh ratiia'tarátie ne The Florida Razors tánon ó:ia nihotinenhrò:tens ne Ohrón:wakon nithoné:non. Tsi Tiohtià:ke wa'thatohetstánion ne Tom, kwah í:ken tsi iahahá:ra'ne ne teiokahróia'akt kanón:wa tánon wahanatahréshon akwé:kon tsi ní:kon tewatio'ténstha. Iotonnì:'a ne 1990 shiiohserò:tens, iahakón:tahkwe wahakontsheráhrho tánon tsi ní:kon shos teniakenihthá:ren, iah nek karén:na thaonsaiakenihthá:rahkwe, iewennahnotáhkhwa tánon kanonión:ni nionsá:we.

Tohkára niiohserá:ke ontóhetste tsi niiò:re 2017 ón:wawe, ó:nen Tkarón:to tkì:teron, Robert Steven tahatewennáta, Ohén:ton Rá:tahkwe ne Art Gallery of Burlington ne tho shontakahá:wi, tánon, roterièn:tarahkwe tsi Ohrón:wakon nitewaké:non, wahakerihwanón:ton'se tóka' riienté:ri ne Tehoháhake, tánon tóka' í:kehre aontakeniarotáhrhoke tsi enkena'tonnihtsherakétsko skátne nahò:ten rohsa'ánion ne AGB nonkwá:ti? Ionehrákwaht wáhi tsi ní:tsi kakahkwèn:taiens tsi tiónhnhe...

Tsi karì:wes shihiienté:ri ne Tom, kwah tontia'tatihéntho tsi waharihó:wanahte, 2015 shiiohserò:ten, tsi thontaiawénstsi wahatatetshén:ri tsi ronkwehón:we. Kwah í:non ia'tióseren'ne tsi wa'thóhkwa'te tsi wahotó:ken'se, kwah iahò:reke naharihwatshén:ri tsi nithotahsá:ronte aorihwa'shòn:'a, ioianerehón:we tsi wathró:ri ne ken' nahò:ten raohiatonhserá:kon 2017 thohiatonhseríson, *Ioskatsténion Iotewihrá:ron*. Tsi karì:wes rakontsheráhrhoskwe nohén:ton – shé:kon taioianerenstonhátie tsi nihaweién:te othé:nen ahrón:ni, kwah eh karátie nòn:wa tsi rana'tonnihtsherakétskwas, tsi onén:ia rahkaratáhkwas tánon tsi teióia'ks rón:nis – iokontátie á:se tánon iorihowá:nen tsothrá:ni tsi ní:tsi teiokahróia'akt ranonión:nis tsi ní:tsi rotoken'sehátie tánon ro'nikonhraientà:sere oh nahaia'tò:ten tánon tsi ní:tsi ratháwas. Ó:ni tsi sénha ióskats tsotòn:'on tsi ní:tsi rorahstánion, sénha iaonnià:ton iotòn:'on, tsi ní:kon roio'tenhseríson ne ken' shiwathá:wi, nè:'e wate'nientenhstáhkwen tsi niiò:re tsi raweriahsanonhwá:kon tsi rotatetshénrion. Nek tsi ki' ónhte, sénha iorihowá:nen, na'kónshon tsi niioterihwatié:ren ne tsi ní:tsi kaio'tenhseríson, tánon na'kónshon tsi ní:tsi tehoti'taksen'enhátie ne Koráhne tánon ne Onkwehón:we, kwah sénha iorihowá:nen nahò:ten wathró:ris ne kí:ken tekarihwahsonterónnion. Ne ken' shiiohserá:ke, Tom tánon tohkára nihá:ti Nonkwehón:we skátne wahontewennakétsko tsi takonwatén:ro'se Koráhne tsi tehonwanahsi'tò:raraks. Kwah kanón:wa tsi nikawennò:ten rahá:wi tsi tehatékhas ka' nithothwatsirí:non tánon kwah í:ken tsi karihwaweiénhon ne nahò:ten rarónnions tsi shako'nikonhrà:reks. Kahsótshera tiakò:nonks ne raoio'ténhsera – ne ronterí:ios, rontó:rats, tánon rotiiá:ner – ne tahahsónteren ne ohnà:ken tewenhniseraténion ne ki' naón:ton aho'nikonhraién:ta'ne ne òn:wa wenhniseraténion, tsi nikarì:wes tehoráhsare tsi ieiótte ne tsi nón:we ionekhé:renht, tánon aiá:wens ne sénha aioterihwakwarihsiónhake nohén:ton wenhniseraténion.

Eh nithothwatsirí:non ne Tehoháhake ne ratikaraweiénhons tánon tho ní:tsi wahatonhnhahtén:ti tsi rakaraweiénhon. Tsi ní:kon rononionniánion karónnion ne ken' tewathiatonhserarenia'tòn:ke ne se' ne ó:ia teioterihwahsonterákwen ne tsi nihokarò:ten.

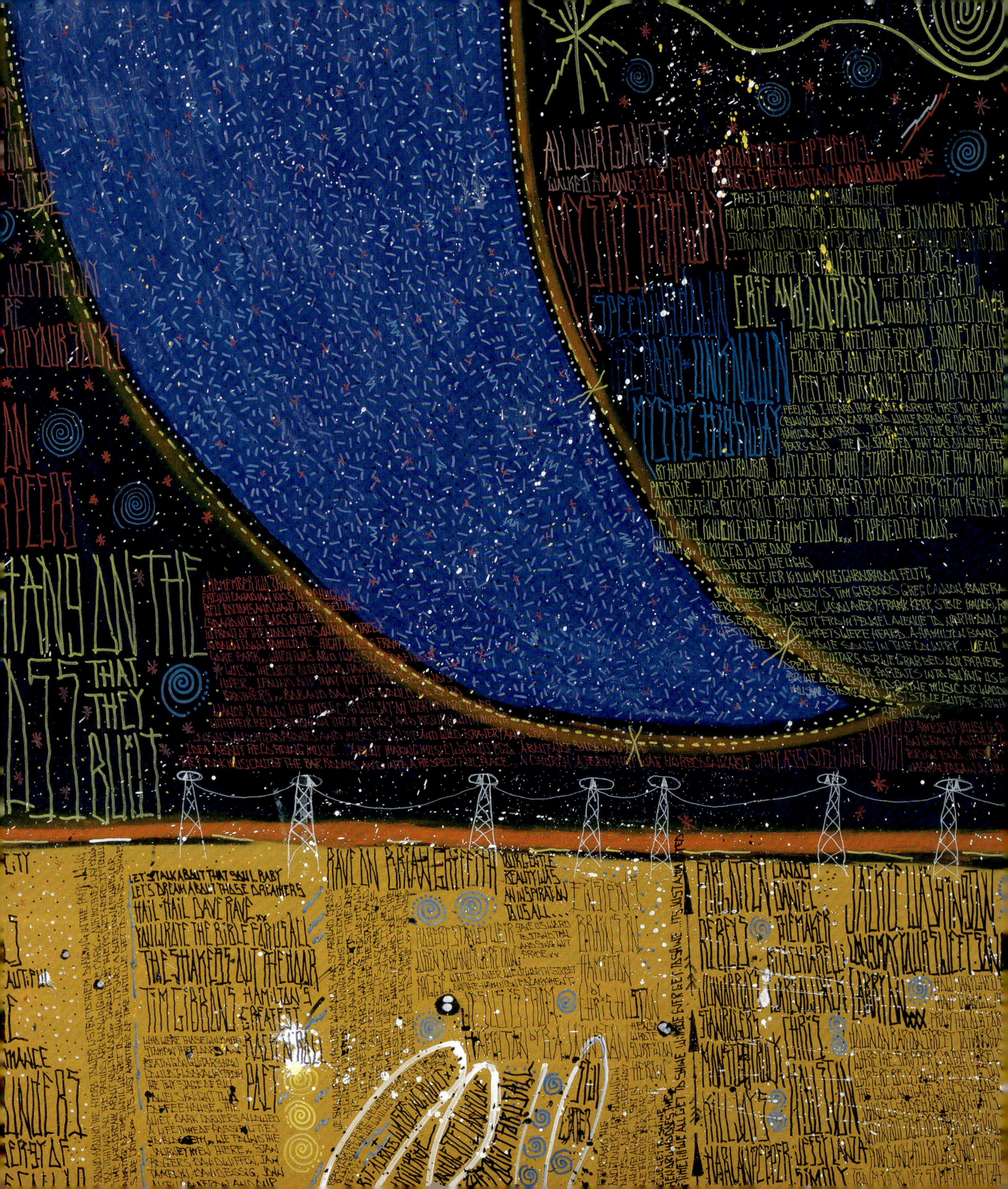

ALL OUR GIANTS
THAT THEY BUILT
LET'S TALK ABOUT THAT SOUL BABY
LET'S DREAM ABOUT THOSE DREAMERS
HAIL HAIL DAVE RAVE
RAVE ON BRIAN GRIFFITH
JACKIE WASHINGTON

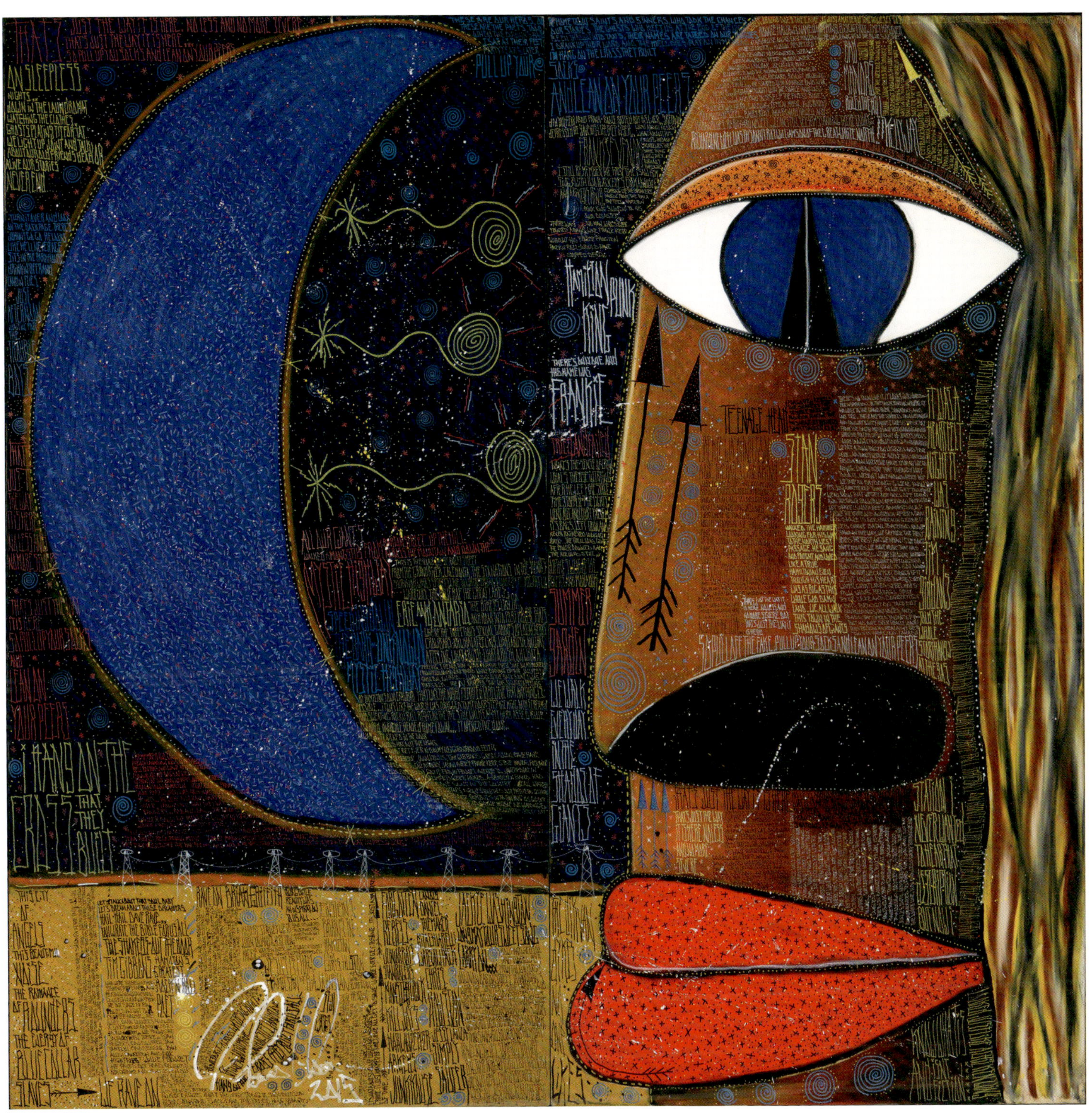

Mystic Highway | Iothahátkon, 2018
243.84 × 182.88 cm
oil on board | kén:ie ohson'karà:ke iá:ore
JUNOS/The Canadian Academy of Recording Arts & Sciences (Bob Hatcher)

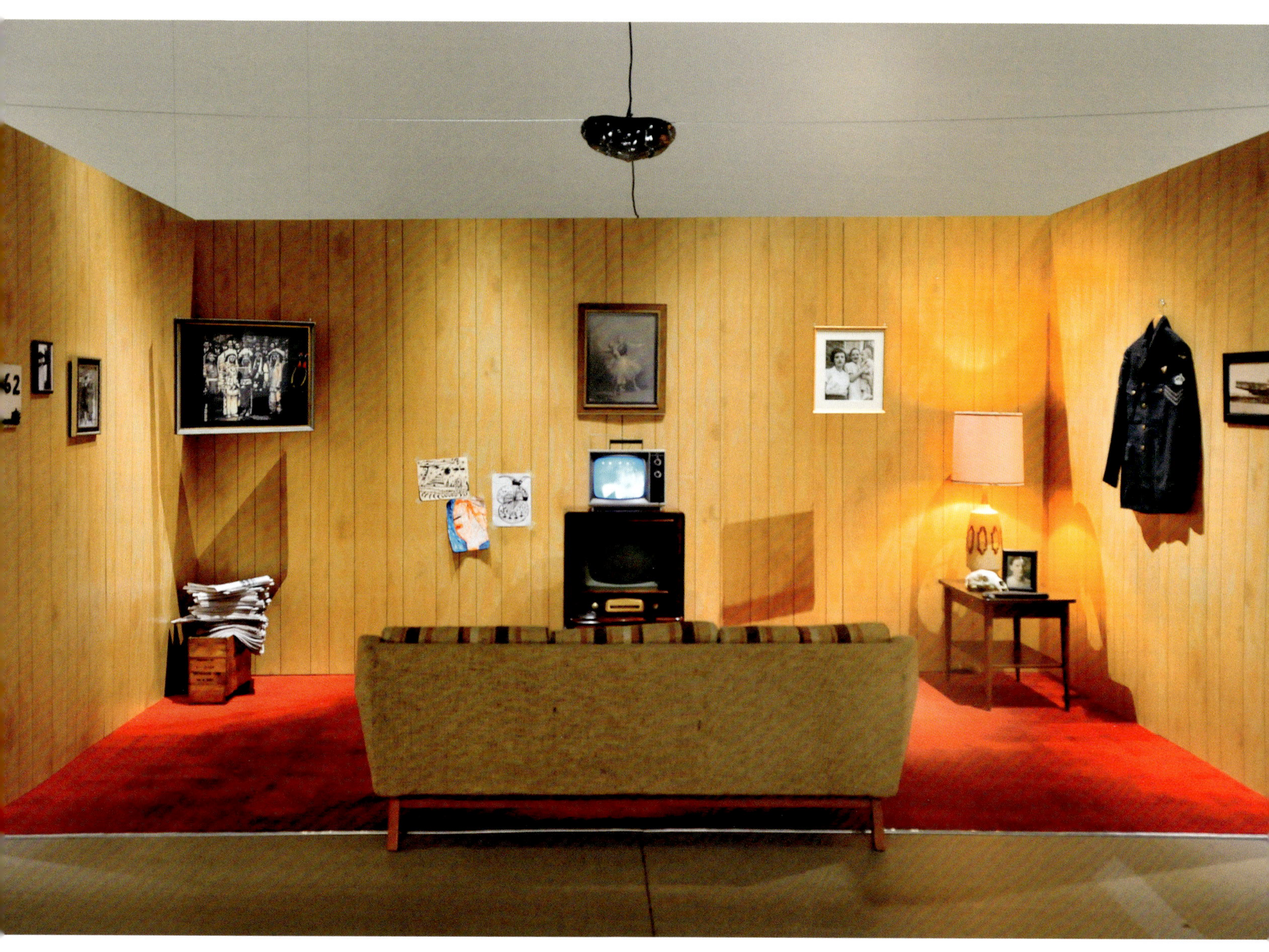

Beautiful Scars: Mohawk Warriors, Hunters & Chiefs — The Art of Tom Wilson
Art Gallery of Burlington, 2018. (Art Gallery of Burlington)

MOHAWK WARRIORS, HUNTERS & CHIEFS

DAVID LISS

In his recent autobiography *Beautiful Scars*, Tom Wilson Tehoháhake talks about feeling unsettled from an early age — feeling that something wasn't quite right. While he now realizes this was due to the secrets of his unusual upbringing, his spirit has remained restless ever since. He is still driven to ask questions and seek meaning from the elusive mysteries hidden beneath the surface of everyday existence; to come to terms with his history and identity, aspire to higher truths, and understand his place in the world.

His life has been an ongoing quest so it is perhaps inevitable that after decades spent immersed in poetry, literature, and music, he would turn his attention to visual art — a language that transcends the verbal and the written word. Wilson sees the potential of images and pictures to open other avenues of expression and understanding — the rich vocabulary of symbols, patterns, and iconography used by his ancestors since ancient times to carry knowledge, information, wisdom, spirit, and stories down through the generations and ages.

Many of Wilson's paintings are inscribed with text from *Beautiful Scars*, and here they take flight from the page. Though they are not necessarily legible, the words and stories come alive in a different way. They become integrated into a more complex and layered language.

The paintings are of heads and faces that resemble masks whose traditional form and function were to draw forth the inner spirit of the wearer. They look at once ancient and futuristic. The face represents identity. The head is the locus of spirit and imagination. The images also resemble totem pole carvings that evoke and honour animal spirits and human kinship with nature. These paintings depict the hunters, warriors, and Chiefs; the seers, the ghosts, the spirits, and the ancient ancestors.

The exaggerated eyes are a key motif for the artist. Symbolically — and literally — our eyes represent our perspective of the world and the act of perception and awareness. Our eyes, too, are mirrors of the soul. They are our windows onto the world; they see out and reveal what is within. The backgrounds in Tom's paintings are deep, colourful, and atmospheric, filled with images of suns, moons, and stars; references to the celestial realm; to the universe that is our home and our shared existence.

Working as a professional musician since the age of seventeen, the guitar has been Wilson's primary instrument of expression. It carries stories that connect him to a lineage of modern forms: folk, jazz, country, rock, punk, and roots music. No longer functional as instruments, the necks and bodies of the old guitars that he paints are inscribed with the scars and scratches of their histories and stories. Painted in his characteristic style, their function and meaning are transformed into a new language where music, literature, and visual art merge within the expansive imagination of his creation.

For his first major solo exhibition at the Art Gallery of Burlington in 2018, Tom created a living room diorama within the gallery space that evoked his childhood home in Hamilton. Cordoned off and inaccessible to visitors, the room was lined with faux-wood panelled walls and period furniture and decorated with photographs, objects, and artifacts — charged representations and symbols of the contrasting forces that have shaped his life and identity. Across from a couch and coffee table, a vintage television occupies the middle of the room, playing a montage of black-and-white found footage assembled by Wilson that juxtaposes nostalgic images of white people on suburban streets and enjoying amusement park rides with residential school classrooms, Mohawk ironworkers, cliché images of Indigenous ceremonial dances, and cartoon characters, evoking the conflicting cultures of his upbringing.

Like many of us growing up in North America during the twentieth century, Wilson's earliest windows into Indigenous culture were the "Indians" depicted through the colonial lens of television and cinema and the settler paintings, antique photographs, and dioramas displayed in history museums, sources that, even still, perpetuate historical inaccuracies and problematic stereotypes of representation. With this installation, Wilson appropriates the appropriators, subverting the colonialist format by depicting a "typical" post-Second World War suburban living room as a relic of a past civilization, inaccessible and frozen in time.

While the work that Tom created between 2016 and 2018 was a direct and deeply personal response to his discovery of the truth of his identity, his more recent work addresses some of the larger, systemic injustices inflicted upon his family, communities, and Indigenous cultures.

The installation *Fading Memories of Home*, 2021, is an immersive experience evoking a school classroom with nine children's desks arranged neatly in rows of three facing a projection screen at the front of the room, flanked by two life-size shrouded figures painted on wood, resembling Catholic nuns. The surface of each desk bears an image of Indigenous ancestors. These images gradually fade from visibility from the first row of desks to the ones in the back. Playing across the screen is a montage of vintage black-and-white images that Tom has appropriated from various archival film sources of young Indigenous children, supervised by priests and nuns, in classrooms and on the grounds of residential schools. The room is permeated by a foreboding ambience through a darkly ominous soundtrack that Tom composed.

The haunting presence of the shrouded nuns is a recurring motif in several of Wilson's recent paintings. In *Will Not Be Destroyed*, 2023, a large, almost mural-size scene, the shrouded figures on each side of the composition appear to be confronted by masked warrior faces in postures of defiance.

As a child, Tom's mother was forced to attend residential day school. While he may have been spared those horrors, by the time he learned of his identity, his ancestors had been stripped of their cultures, languages, ceremonies, and traditions; their blood memory only evidenced now by archival photographs and films that are the fragments of his history. Tom inherited the damaged cultural void and, along with Survivors and their communities, is left to grapple with the lasting effects of trauma across generations. Anger is palpable in these pictures.

Tom's art-making process since 2015 is rooted in his challenge and dilemma of coming to terms with the conflict between the ancient culture that lies deep within his soul and the complex realities of his non-Indigenous upbringing. His visual art is an ongoing process of joyous inspiration and critical negotiation rather than a matter of simply claiming and adopting that culture. His relationship with himself and his art practice has evolved over the years. Informed and influenced by Indigenous worldviews, his cosmology examines the immediate physical aspects of his environment and the non-material realms of his existence.

Like his ancestors, Tom reflects upon his relationship with nature and calls upon the spirits of the animal creatures around him. Though Hamilton is a heavily industrialized, urban city, it is well surrounded by forests, ravines, and waterfalls and is known for an abundance of wildlife. For years, Tom has lived in a forested residential neighbourhood along the edge of the Niagara Escarpment and only blocks away from Lake Ontario. In his most recent work, he has been exploring Indigenous symbols, meanings, and mythologies around the fish, animals, and birds that are considered sacred links to nature and the spirit realm.

Crows hold particular significance for Tom as large populations inhabit the trees in the west end of the city around his house during their migration. In many Indigenous cultures, the crow personifies the trickster, the mischief-maker; they are watchers embodying wisdom as they travel between the realms of the living and the spirit world. While Tom's references and vocabularies take inspiration from the animal symbolism of Indigenous cultures — his culture — his stories reflect his worldview, experiences, and environment. It is important to note that, in Canada, there are over seventy First Nations, Inuit, and Métis languages, and these cultures have never been homogenous or static. They represent a diverse and dynamic range of perspectives. The living, breathing knowledge and traditions evolve through the ages. In particular, Tom's visual art has long been influenced by prominent Ojibway artist Norval Morrisseau; interestingly, the only

Indigenous artist whom Tom and I were aware of growing up in Hamilton. Morrisseau is well known as the originator of the Woodland style of art, noted for its distinctive, thick black outlines, bold colours, and his personal dreams and mystical visions filtered through the lens and the legends of his Anishinaabe traditions.

Now, the vitality of the stories and the legends live on through new generations of Indigenous artists and storytellers. Tom takes his place as a contemporary artist — painting, making images, producing art as an Indigenous person here, now, at this moment in time, at this moment of history, along the trajectory that connects the present to the past and the future.

Through the creative process of artmaking, Tom digs around the roots of his past and present to render visible the sorrow and joy of his ancestral journey. Born in "Steeltown," Tom comes from a lineage of Mohawk ironworkers whose stories are forged from the ovens and fires, and the legends of the Skywalkers who built the towers of Manhattan. *Man of Steel*, 2020, is a heavy, metal figurative sculpture that could be a representation of Tom or his steelworker relatives, firmly grounded to the earth with upstretched arms reaching skyward to the celestial realms in a celebratory gesture of toughness, resilience, and survival, from the dark depths to the revelatory light.

Tom's visual art has taken on urgency and renewed purpose. It has become another means of exploring and understanding his history and identity. These are the warriors, hunters, Chiefs, tricksters, and shamans; the characters and figures that embody myths and legends of the past and the future; the stories that connect Tom to his culture and his place in the universe. His paintings, sculptures, and installations represent his quest, journey, and aspiration to truth and understanding through the creative spirit. His art connects him and viewers to the through-line that runs from ancient times, across Turtle Island, along the big river that runs down from Kahnawake to Lake Ontario, and to the shores of Hamilton where he was born.

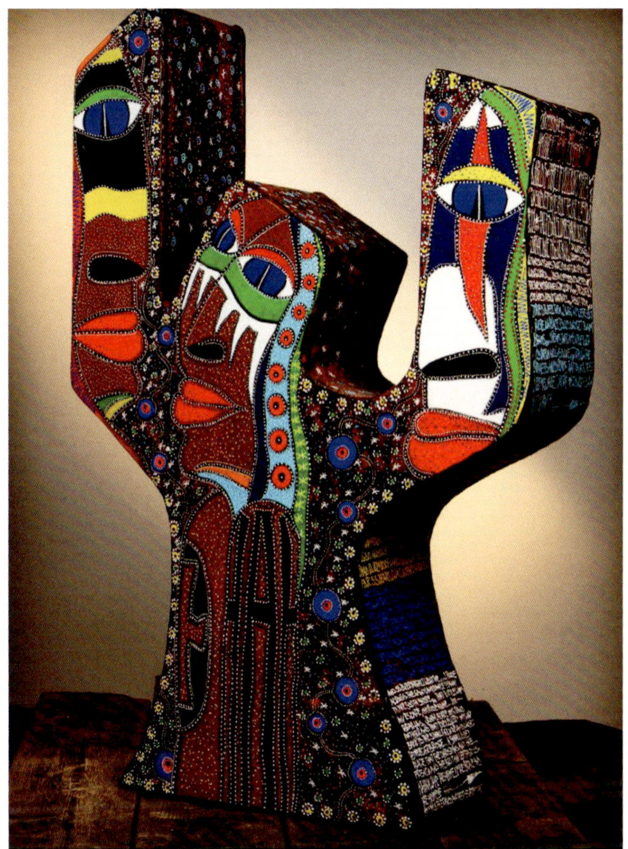

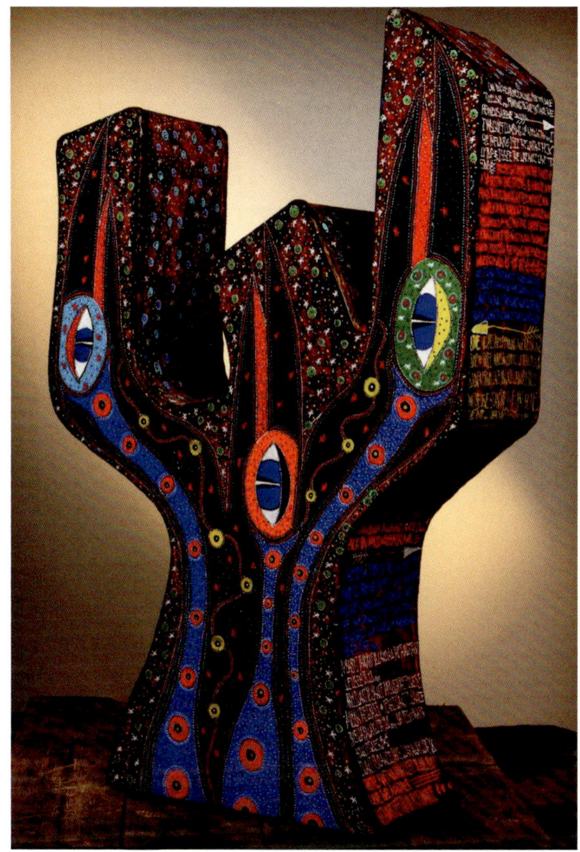

Tom Wilson Tehoháhake with | skátne Mark Pflieger
Man of Steel | Karístatsi Nahaia'tò:ten, 2020
81.28 × 68.58 × 20.32 cm
oil on 1/4 hot rolled mild plate steel | kén:ie karistà:ke iohonro'tataríhen énska tekaià:kon ne tsotsiweiónhkara iá:ore
Private collection | Karihwahséhton watkennisa'áhton (José Crespo)

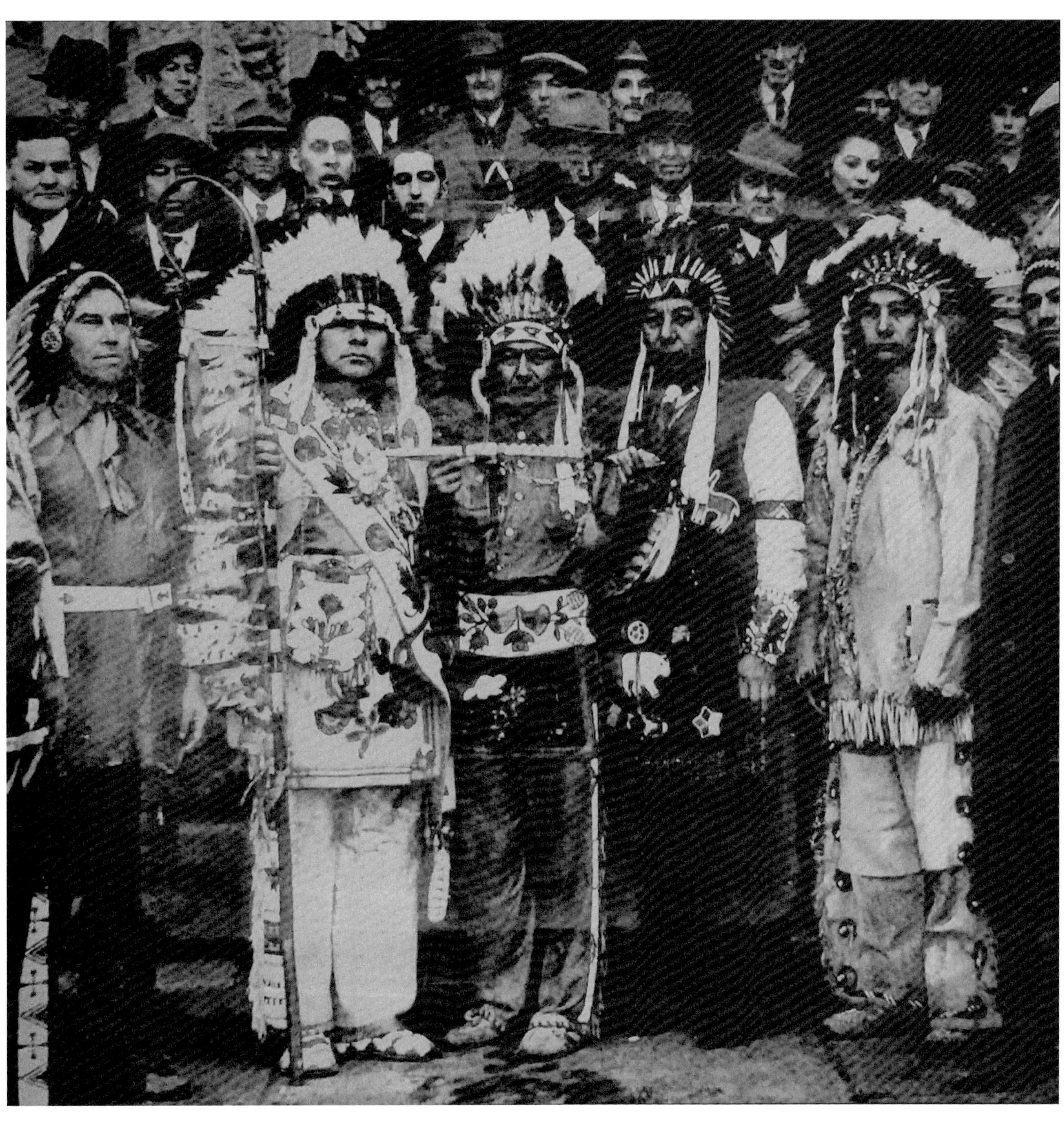

Chief Peter Lazare bringing peace to Parliament Hill, c. 1940 | Skén:nen ráhes Parliament Hill nonkwá:ti ne Roiá:ner Peter Lazare, 1940 shiiohserò:tens. (Tom Wilson Tehoháhake Archive | Tehoháhake raorihwa'shòn:'a tsi ionteweien'tónhkhwa)

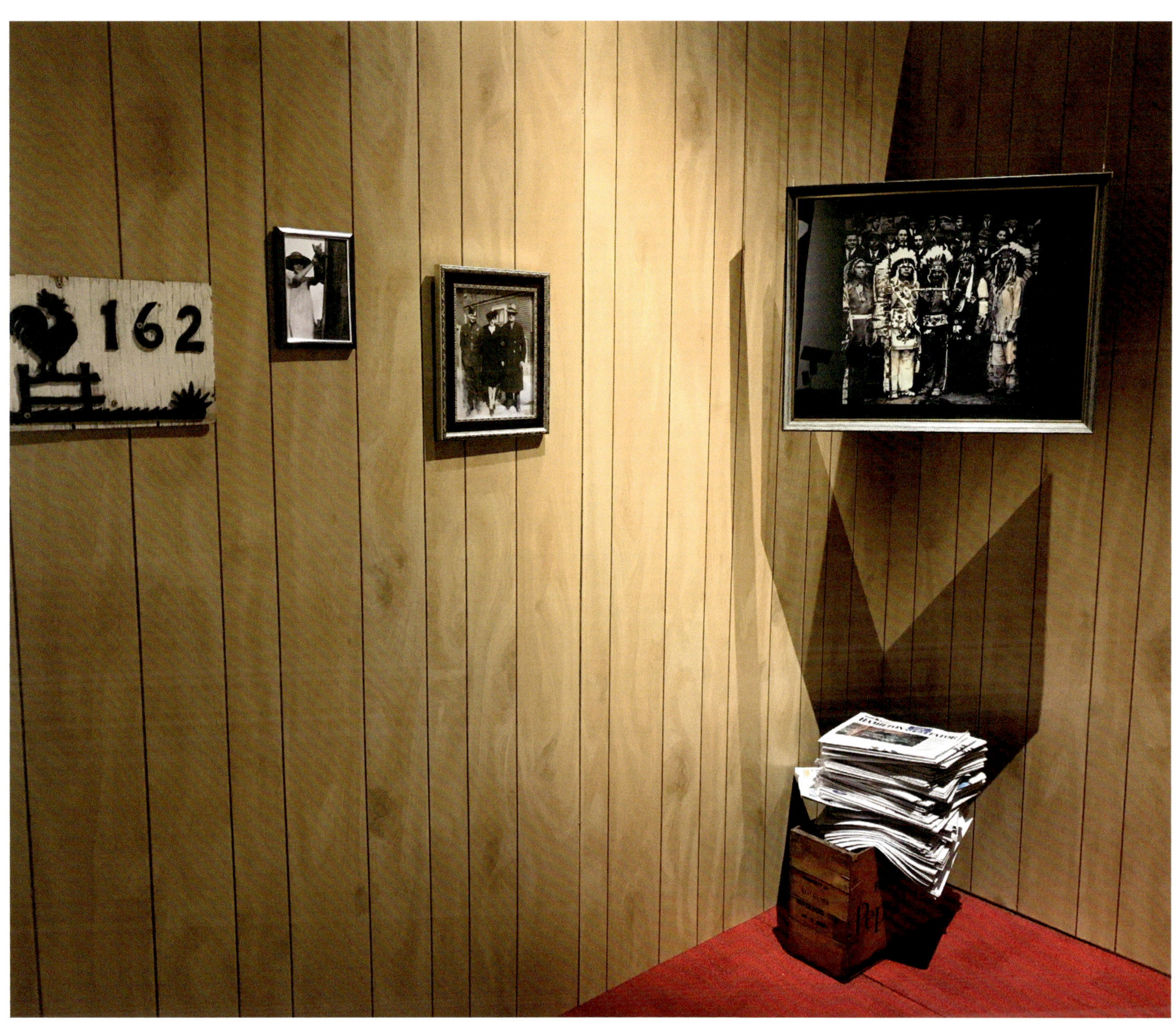

Beautiful Scars: Mohawk Warriors, Hunters & Chiefs — The Art of Tom Wilson, Art Gallery of Burlington, 2018
installation with accompanying video | kana'tonnihtshera eh káratie teióia'ks (Art Gallery of Burlington)

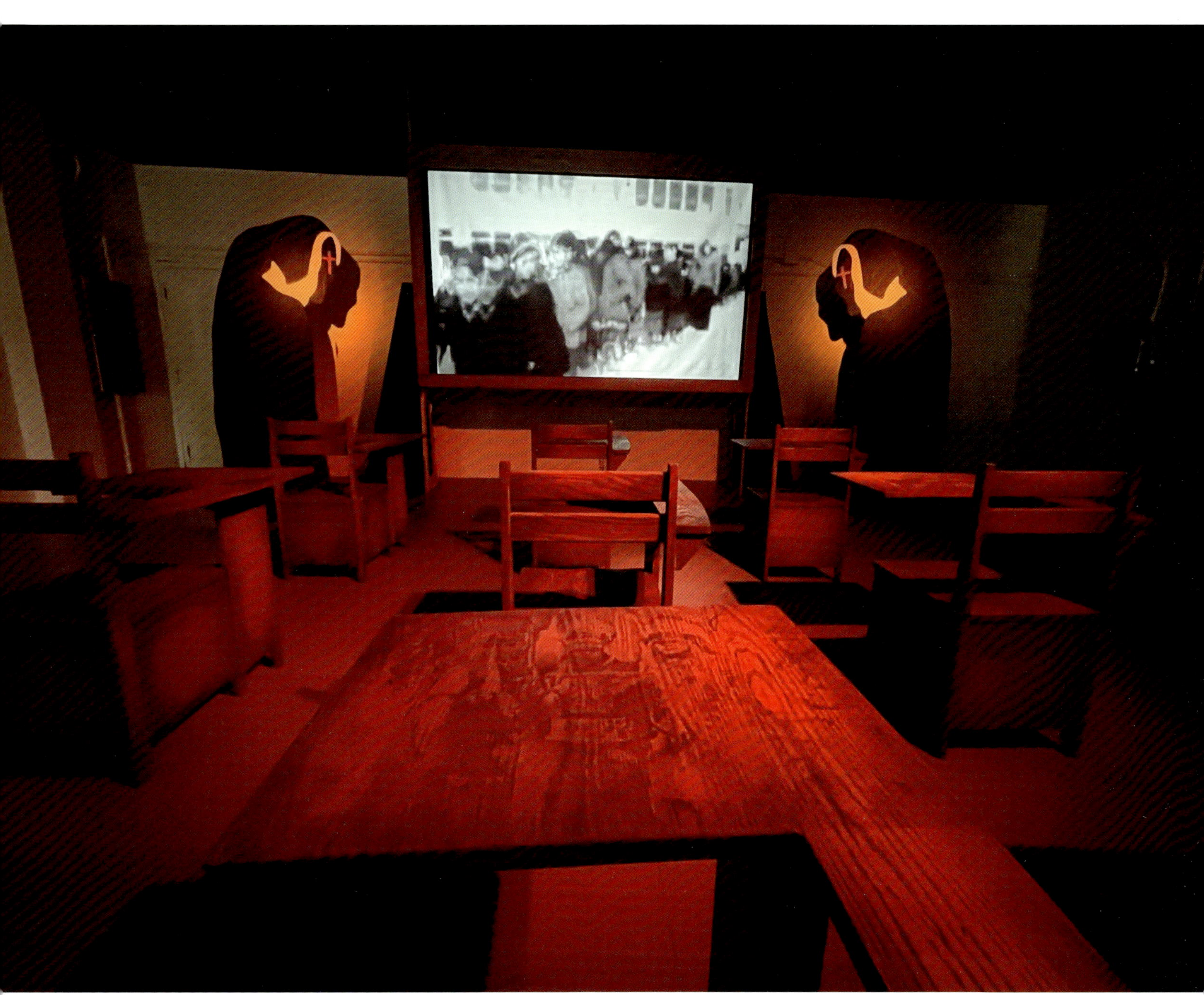

Fading Memories of Home | Tsako'nikonhrhénhserons Ka' Nitiakawé:non, 2021
installation with accompanying video | kana'tonníhtshera eh káratie teióia'ks (Art Gallery of Burlington)

KANIEN'KEHÁ:KA RONTERÍ:IOS, RONTÓ:RATS & ROTIIÁ:NER

DAVID LISS

Ne raohiatonhserase'stsì:ke iontatia'tahnotáhkhwa, *Ioskatsténion Iotewihrá:ron*, Tehoháhake wahathrória'te tsi iah skén:nen tekénhne ken' shihrà:'a; ok nahò:ten iah tetkaié:ri naho'nikòn:rawen. Òn:wa rotoken'sehátie ne tsi ní:kon karihwahséhton wa'thoia'táhnhake shihotehiahróntie tsi eh nahoié:ra'se, sénhak ki' shé:kon wa'oia'tí:ionhkwe raotónhnhets. Shé:kon nòn:wa kwah í:ken tsi ro'nikonhrà:re nia'té:kon aharihwanón:ton, naonsahatsi'noniotahsión:ko na'kónshon tsi ní:tsi wahatonhnhahtén:ti, ne skén:nen ahá:ien aohén:ton ne tsi nihokarò:ten, tsi nahaia'tò:ten; nahaská:neke ne sénha katokenskehtsherí:ios ahototáhsien, tánon naho'nikonhraién:ta'ne ka' nón:we nihó:wen ne ken' ionhontsá:te.

Tsi náhe shihrónhnhe eh náhe shihorihwisakonhátie, iah ki' othé:nen teionehrákwaht tsi é:so iohserahsenhserá:ke í:non iahathón:rohwe kawennara'se'kéhshon, kahiatonhsera'kéhshon tánon karenna'kéhshon tsi eh nahate'nikonhraié:ra'te ne teiokahróia'akt kanón:wa, iah nè:'e teiohrhá:re tsowén:na aiakowennakè:tohte tánon nothé:nen aiehiá:ton; iawe'tatshà:ni tsi niwate'nientenhtsherá:ke, tsi nikanón:wake tánon tsi nikahiatónhkwake shos róntstha ne raohsótshera ne wahón:nise tsi nenhshakonohétsten tahatikonhsontóntie ne aterien'taráhtshera, orihwa'shòn:'a, attokháhtshera, atónhnhets tánon okara'shòn:'a. Rattó:kas Wilson tsi niiohrharahtsherá:ien ne karónnion nakahahahnhotón:ko ne aionteriahsahnó:ten tánon aiako'nikonhraién:ta'ne.

É:so tsi ní:kon rokontsheráhrhon ne Wilson eh kawennáten ne *Ioskatsténion Iotewihrá:ron* nitiotewenní:non, tánon ken' nón:we tenkontí:ten kara'wistà:ke enkonteratá:ko. Iah kwah teiewennahnótha, ó:ia ní:ioht tsi enkontónhnhete nowén:na tánon noká:ra. Sénha tekontthiánion tánon tekontia'serónnion tsi ní:tsi tenkontatié:na.

Onón:tsi tánon okónhsa karónnion ne kakontsherahrhohseròn:ke néne teskontié:ren rontó:ri raotikónhsa tánon tho nikontiweiennò:ten aontakontihéntho nakotónhnhets ne tsi niká:ien iakótston. Tsi na'eia'tò:ten wate'nientenhstáhkwen ne kakónhsa. Tsi na'teionaterà:'on ne atónhnhets tánon o'nikòn:ra wate'nientenhstáhkwen ne onón:tsi. Wahkaratáhkwen kanawa'ahtahserón:ni ó:ni teskontié:ren ne karónnion néne tkontihénthos tánon kontirihwakweniénstha ne kontírio aonatónhnhets tánon tsi ní:tsi ón:kwe tehatì:neren ne sha'oié:ra. Rontó:rats, ronterí:ios tánon rotiiá:ner; otsinahkèn:ta, atiáneron, atónhnhets tánon ne kahsotsheraká:ions ratiia'tarónnion ne kakontsherahrhohseròn:ke.

Kwah í:ken tsi kanonwí:io ne raorihwà:ke tsi na'teiotenonhianíhton ne kontikónhsa iotikahratárion. Nè:'e wate'nientenhstáhkwen – tánon norihwiio'ón:we – ne ionkwakahratárion ionkwahró:ris tsi niionhontsò:ten; tsi niieiéhrha naiónttokánion. Atónhnhets aotátken ó:ni ne ionkwakahratárion. Kwah tho nón:we ionkwatenahstonhkwatárion ne tsi ionhontsá:te; átste iekontkáhthos tánon konnotáhsions nahò:ten tewatárion. Iohsohkwatà:kon, nia'teiohsóhkwake tánon iawehiahráhtsherare ne ohna'kénhshon ne Tom rokontsherahrhohseròn:ke, eh karónnion ne karáhkwa, enhnì:ta tánon otsísto, tsi tkaronhiá:te ieiakokahrénhas, ne onekwa'tara'kehkowáhne tsi nón:we skátne tewen'terontáhkwen tánon sha'tetewátstha tsi tiónhnhe.

17 shithó:ien shihoió'te tsi raterennotha'kó:wa, tho náhe shikahén:te tsi o'nó:wa raterennótha ne Wilson tsi rateriahsahnótha. É:so kakarenhá:wi néne tehókhas ne onhwa'kéha niiotitiohkò:tens; onkwe'ta'kéha, teiothonro'ta'kton'kéha, ratinenstaksnéha, tehatikarenhronsnéha tánon akohtehra'onwe'kéha karenna'shòn:'a. Tsi teiothiò:kton ionterennotáhkhwa enkón:ton, akwé:kon iotikaratárion tsi nón:we ionatewihrá:ron tánon teionatenákhon kontiniara'kéhshon tánon aotiieron'ta'kéhshon ne raó:wen ka'nowaká:ions tsi niká:ien rakontsheráhrhos. Tsi thihonón:wate tsi rakontsheráhrhos, owén:nase enskón:ton tsi nón:we karén:na, iewennahnotáhkhwa tánon teiokahróia'akt kanón:wa ia'tekóntieste eh nón:we tsi na'teha'nikonhrakà:ron.

Shontontié:renhte wahaterihwahténtia'te raona'tonníhtshera ne Art Gallery of Burlington nonkwá:ti ne 2018 shiiohserò:ten, Tom tsi kanonhsí:io testiatié:ren wahrón:ni kanónhskon nonkwá:ti ne tsi iontkahthóhtha néne ioteríhonte taonsakaierontá:ren ka' nón:we thotehià:ron Ohrón:wakon nonkwá:ti. Kanatsó:ton tánon iah thaón:ton ónhka aióntken'se, ok thikáhson ó:iente wahsonhtó:ton tánon tsi niwathá:wi kanonhskónkha iontstha'shòn:'a tká:ien, tánon é:so ieià:tare karónnion, iontkahthohtha'shòn:'a tánon iorihwakaiòn:seron tekaieronnionhá:ton tká:ien; akwé:kon tetka'shatstenhseráhere néne wate'nientenhstáhkwen tsi na'tekonte'shatstenhseratihánion néne iotiieron'tón:ni tsi ní:tsi rónhnhe tánon tsi nahaia'tò:ten. Ákte' nonkwá:ti ne tsi wanitskwahrà:tsherote tánon watekhwahrà:tsherote káwhe ionthnekahráhkhwa, orihwakaionhnéha tká:ra's o'neróhkwa eh tká:ien sha'tekanonhsí:hen iohtentià:ton ne kahòn:tsi tánon karà:ken tekenhnakhánion skatshénrion teióia'ks néne Wilson róhson, aktóntie karónnion ne tsi ní:kon rè:iahre ne ratihnarà:ken rón:nes akoiánaka'we nonkwá:ti tsi tekanatokhánion tsi ronate'nikonhró:ri ne tsi iontitariónhkhwa, tánon tsi thonteweienstáhkhwa ne tehonwatikhahsiónkwen tsi thonterihwaienstáhkhwa, Kanien'kehá:ka ratirista'kehró:non, watakarèn:re karónnion ne Onkwehonwehnéha kanónnia tánon karahstánion kaia'tón:ni, teskaierontáhrha tsi ní:tsi teioti'taksèn:'en tsi nikaweién:nake rotehiahrónhkwen.

Tsi ní:ioht ne é:so nítion shiionkwatehiahróntie ne A'nó:wara Tsi Kawè:note ne 1900 shiiohserò:tens, tkarà:sne tánon teioia'áksne nón:we tontié:renhte wahatkáhtho nahò:ten ne Onkwehón:we tsi niieweiennò:ten tsi tho tahatiià:tara'ne ne "Onkwehón:we Ronatia'tontáhkwen" tsi ní:tsi ne Ratihnarà:ken rontkáhthos, tánon ne raoná:wen kakontsherahrhóhseron, orihwakaionhnéha karónnion tánon teskaierontarónnion tsi iontkahthóhtha thotikwatákwen. Shé:kon nè:'e ieiokontáhkwen tsi niiò:re iah tetkaié:ri tsi nikarihò:tens kahiá:ton ne tsi nihotiia'tawénhseron ne Onkwehón:we. Sehshakóhkhwas ne shakotíhkhwas ne Tom tsi wahana'tonnihtsherakétsko, tehaiánia'ks ne Ratihnarà:ken tsi nihotirò:ten tsi wahá:raste énska "iotka'téha" ohna'kèn:ke tekeníhaton waterí:io ní:ioht tsi ionatawénhte aó:wen tsi kanonhsí:io ne aonthró:ri tsi nitiohtòn:ne ne wahón:nise, iah thaiontsté:riste tánon tho shikahá:wi tionenniò:kwano.

Tsi niká:ien wahaio'tenhserísa ne Tom tsi na'tetiatohserátere ne 2016 tánon 2018 kwah tiao'kà:ton tánon kwah tokèn:'en wahateriahsahnó:ten tsi wahotó:ken'se oh nahaia'tò:ten. Tsi niká:ien onhwa'kéha wahaio'tenhserísa kwah tekarihwa'serákwas ótia'ke ne sénha iorihowá:nens tsi ní:ioht ne tsi ní:tsi wa'thonwatiianerenhserahríhten ne raohwá:tsire, raoná:ta tánon tsi nihaweienno'tenhón:we Onkwehonwehnéha.

Ne *Tsako'nikonhrhénhserons Ka' Nitiakawé:non* kana'tonníhtshera, 2021, kwah iothonróhon tsi teskaierontáhrha énska tsi tionteweienstáhkhwa tióhton nihá:ti ratiksa'okòn:'a raonatekhwà:ra ioiánere tsi ní:tsi kanenhrahserón:ni áhsen niiohaháke, eh niionatierà:ton tsi teioia'ákstha ohén:ton nonkwá:ti, tetsarónhkwen nonkwá:ti tekatáhston ón:kwe tsi na'tékena tionatò:ron kaia'tón:ni kaientà:ke kakontsheráhrhon Tekontiiahsóntha otiia'tatokénhti teskontié:ren. Ne è:neken nonkwá:ti ne atekhwahrahnéhshon Onkwehón:we kahsótshera thatikónhsara's, skenen'shòn:'a iewáhtons tsohahátshon ohén:ton nonkwá:ti tsi niiò:re ohnà:ken. Tsi nahò:ten teioiahià:kon teioia'aksthà:ke ne ki' ne tekenhnakhánion orihwakaionhnéha kahòn:tsi tánon karà:ken karónnion néne Tom roterákwen teioiáia'ks tsi ionteweien'tónhkhwa nonkwá:ti, eh thatiià:tara's ne nithotiién:sa Onkwehón:we ratiksa'okòn:'a, ratitsihénstatsi tánon otiia'tatokénhti shakotikowá:nen, tsi ionteweienstaniónhkhwa tánon tsi niwatená:tes ne tehonwatikhahsiónkwen tsi thonterihwaienstaniónhkhwa. Kwah teio'nikonhrhá:raht teiaonkóhton eh tká:nakte tsi ioterennátterons karennáhere néne Tom roterennón:ni.

Iotkà:te wa'otikè:tohte ne tionatò:ron otiia'tatokénhti tsi nonkwá:ti ne Wilson òn:wak tioiakèn:seron rokontsherahrhohseròn. Kahiatonhserá:kon ne *Iah Thaionkerihwéntho*, 2023, kowá:nen, thóha ahsonhtakwé:kon tsi ní:wa, thí:ken tionatò:ron tetsarónhkwen nonkwá:ti kontiià:tare kwah á:ienhre tsi ronatkonwaró:ron ronterí:ios ronathronhóston shakotinenhrenhtén:ni.

Ne Tom ro'nisténha kwah ok thontahshakonanónhton'se iahshakotiia'tínion'te ne tehonwatikhahsiónkwen tsi thonterihwaienstáhkhwa, iah tha'tehotohétston ne ken' iótteron nikarihò:tens, ok shahotó:ken'se oh nahaia'tò:ten, ó:nen shihonwatíhkhwen tsi nihatiweiennò:ten ne raohsótshera, tsi nihatiwennò:ten, tsi nahò:ten ronterihwahtentia'tánions; raoná:wen onekwénhsa awehiahráhtshera, thok nón:we teskaianón:ni tsi nonkwá:ti ne tsi karónnion tánon teióia'ks tionteweien'tónhkhwa, kwah thok ní:kon tsotatén:ron ne nahò:ten rotiién:tahkwe. Tom sháhawe ne teiohrì:'on ne tsi nihaweienno'tenhón:we tánon, eh ratiia'tarátie tsi nihá:ti ronatonhnhahnirá:ton ne tsi nithawenónhseron, ne tahahnió:ten tsi ní:tsi teka'nikonhrahríhton teioiahià:kon é:so watere'será:ke. É:so iona'khwénhserare ne ken' karónnion.

Tsi ní:tsi shihanonión:ni ne Tom tsi náhe ne 2015 shiiohserò:ten, tho nitiotahsá:ronte kátke wa'thahnió:ten ne skén:nen ahanonhtónnionhwe tsi wa'tioti'táksen'ne tsi na'tetiátere ne nahò:ten tioweiennarihwaká:ion ítewa í:non raotonhnhétsne tánon ne tsi ni:tsi iah Onkwehonwehnéha té:ken thia'tekaweiennaiéston rotehiahrónhkwen. Ieiotkontáhkwen tsi rotonhnháhere tánon tsi teharihotaríhsions tsi ranonión:ni, niá:we kheh thenhaterá:ko tsi nihaweienno'tenhón:we. Kwah í:ken tsi teiotténion tsi ní:tsi ratatenòn:we's shontohserohetstánion. Onkwehonwehnéha tsi nihoti'nikonhrò:tens roterien'tara'onhátie tánon ro'nikonhrenhá:wi, Raotonhontsatahsawáhtshera kaka'én:ions nahò:ten tehohkwatasè:ton tánon tsi nonwè:shon iah teió:ken tsi rónhnhe. Tsi ní:ioht ne raohsótshera, thanonhtonniónkwas to na'tehà:neren skátne ne tsi ionhontsá:te tánon tehshakò:nonks kontírio aonatónhnhets raia'taktóntie. Iaweronhátien tsi é:so tsi iakonnià:tha thotinónhsote ne Ohrón:wakon tánon iaonkwe'takà:te, kahrhahrónnion, teiohronhwánion, tewa'sénhtha, tánon ioterio'tanákere kwah tokèn:'en teiohkwatasè:ton. É:so iohserá:ke, Tom eh shihèn:teron kahrhá:kon tkaná:taien aktóntie ne Niagara Escarpment tánon tohkára nikakonhrétshake tsi niiò:re ne Kaniatarí:io. Ne raoio'tenhserase'stsì:ke, wahresákhon Onkwehonwehnéha ate'nienténhtshera, ka'nikonhraientáhtshera tánon kontiká:ratons néne kéntson, kontírio tánon otsi'tèn:'a tsi ní:tsi kontiia'tanó:ron tsi tekontì:neren ne ionhontsá:te tánon atonhnhétsne. É:so tsi kontiia'tanó:ron ne tsó:ka'we ne Tom raorihwà:ke ase' ken iotitiohkowá:nen okwirakónhshon tkontientáhkhwa ia'tewatshóthos nonkwá:ti aktóntie tsi thonónhsote nó:nen tenkontstekáwha. Ótia'ke ne Onkwehón:we tsi nihatiweiennò:ten, teiakorihwaierónnions, ionteron'ónhtha kontia'tontáhkhwa ne tsó:ka'we; konti'nikonhrarátie attokháhtshera kontihá:wi tsi teionatstekawhenhátie

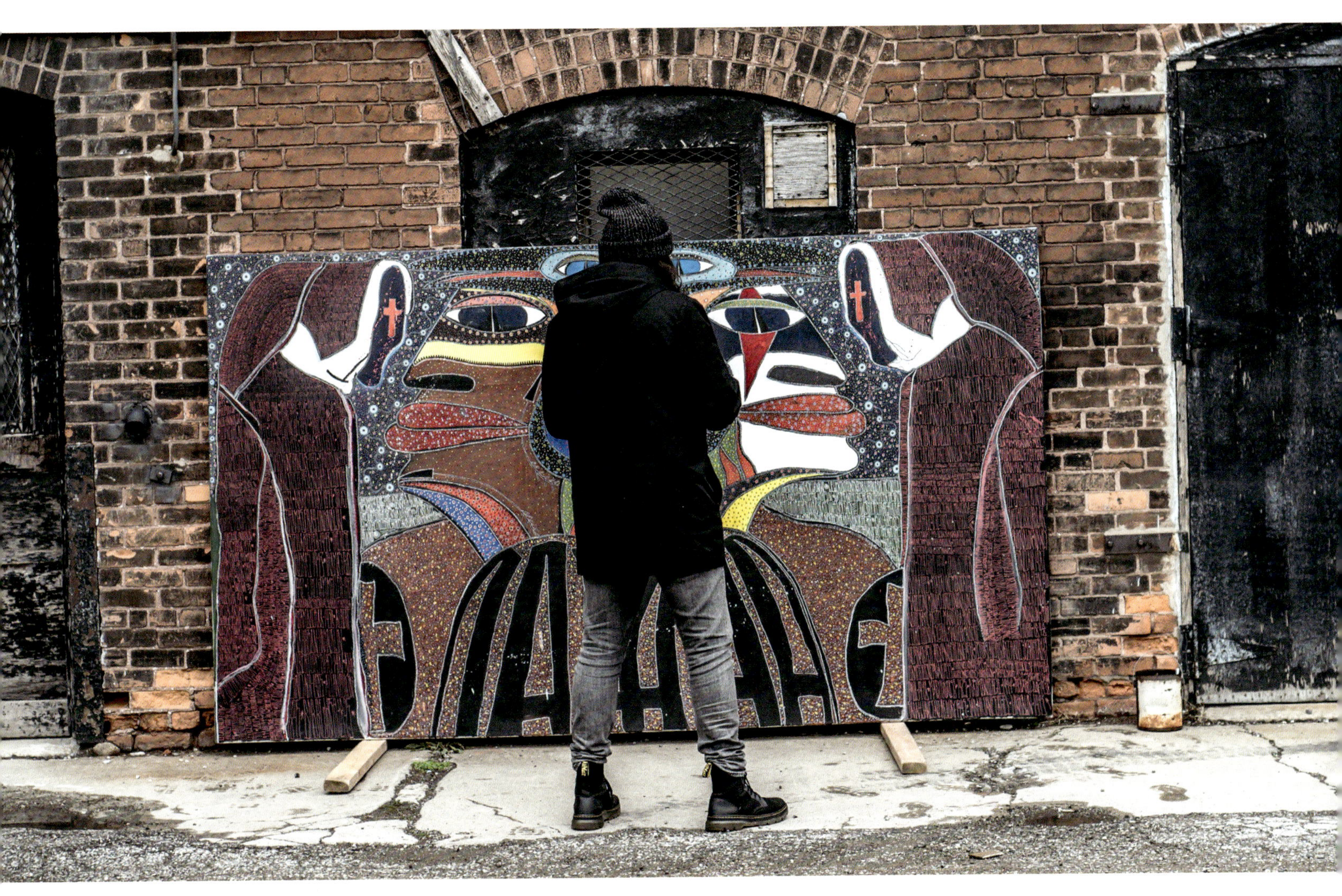

Tom Wilson Tehoháhake with **Will Not Be Destroyed** | Skátne Tehoháhake **Iah Thaionkerihwéntho**, 2023 (Bob Hatcher)

tsi na'tetiatonhontsátere ne tsi thonnónhnhe tánon tsi thontónhnhets. Tsi tho nón:we nithóha naterièn:ta tánon nowén:na ne Onkwehón:we tsi nithatiweiennò:tens tsi nonkwá:ti ne kontírio ate'nienténhtshera – nè:'e ne raoweienna'ón:we – raokara'shòn:'a konthró:ris tsi ní:tsi ronhóntsakens, tsi ní:kon tehotohétston tánon ne raia'taktóntie. Iorihowá:nen se' nakató:ken'ne tsi ísi' nón:we ne tsá:ta niwáhsen nihatiwén:nake ne Onkwehonwehnéha, Othore'kehronon'kéha tánon Ronatientathson'kéha ká:ien ne Koráhne, tánon iah nonwén:ton énska tehonatòn:'on tóka'ni énska tha'tehonatotá:ton. Nia'teka'nikòn:rake io'nikonhratehténion ratiia'tontáhkwen. Tiokontáhkwen teiottenionhátie naterien'taráhtshera tánon iohetstenníhtshera tsi konnónhne tánon kontón:rie. Shaià:ta Ratewa'káhnha ranonión:ni Norval Morrisseau kwah karì:wes shiiohá:wi ne Tom teiokahróia'akt ranonión:ni, raonhà:'ak shakeniienté:ri ne Onkwehón:we ratinonión:ni ne Tom tánon ì:'i shontaiontiatehiahróntie Ohrón:wakon. Tho ní:tsi ronwahsennaienté:ri Morrisseau tsi ráonha roterien'tatshénrion thi Kahrhakonhnéha kanón:wa, tsi thiká:te, kaháhatens kahòn:tsi kaieronnítston, iohsókwate tsi ní:tsi kaientehrhà:'on tánon tsi nithaweiennò:ten Rontewa'káhnha tsi ní:tsi rontkáhthos tánon tsi ní:tsi ratiká:ratons tehaohétston raotetshénhsera tánon raohson'niónhtshera.

Ó:nen ne tsi niiona'takarí:te ne oká:ra tánon okaraká:ions eh tkontón:rie ratiià:takon ne á:se tahatikonhsontóntie Onkwehón:we ratinonión:ni tánon ratiká:ratons. Tom kwah rotenaktanorónhkwen tsi onhwa'kéha ranonión:ni, tsi rakontsheráhrhos, tsi rarahstánions, tsi Ronkwehón:we tsi ranonionniánions ne kèn:'en, ó:nenk, nòn:wa tsi nikahá:wi; òn:wa tsi niwathá:wi, ohahaktóntie néne teiotíkhas tsi niwathá:wis nòn:wa, nohnà:ken, tánon nohén:ton.

Tsi niio'nikonhrà:rekt tsi ranonión:ni, Tom tehattokwáhtha aktóntie tsi rohtehrón:ton ne orihwakaiòn:ke tánon ne òn:wa ne awè:neste to niiò:re waho'nikonhráksen tánon wahatonhnhà:ren tsi rothahitáhkhe ne raohsótshera iothatátie. 'Karista'kehkowáhne' thawennakerá:ton, eh nithothwatsirí:non ne Tom ne rotinèn:res Kanien'kehá:ka ratirista'kehró:non néne tho iontena'tarontahkhwà:ke tánon o'tonhkwà:ke thotíhson raotikara'shòn:'a; ne ratihsennowá:nens Karonhià:ke Thatirá:tes néne roti'nikahtakétskwen Manhattan nonkwá:ti. *Karístatsi Nahaia'tò:ten*, 2020, iókste, karístatsi teskaierón:tare néne ki' ónhto wato'nientenhstáhkwen Tom tóka'ni ne raohwá:tsire ratirista'kehró:non, iohní:ron tsi ka'niénthon nonhontsà:ke ionentshakétskwen tsi tkaronhiá:te iekaníhare tsi ní:ne tewatenonhwerá:tons tsi io'nikonhrahní:ron, io'nikonhkátste tánon iaonhnhahní:ron, tsi nonkwá:ti ahsatakonhkowáhne ne kahswathehtsherá:kon.

Ioterì:wate tánon ioweiennarì:wase wa'kaié:na ne Tom tsi teiokahróia'akt ranonión:ni. Raoio'ténhsera ne, *Kanien'kehá:ka Ronterí:ios, Rontó:rats & Rotiiá:ner*, konwá:iats ó:ia ateweién:na iotòn:'on tsi rarihwí:saks tánon ro'nikonhraién:ta's tsi nihokarò:ten tánon tsi nahaia'tò:ten. Nia'tekakónhsake kakonhsarónnion néne nek ié:ken teskontié:ren ne ratiia'tató:ken Onkwehón:we tsi nihatiweiennò:ten tóka'ni ki' ónhte thiionhontsá:te nitionenónhseron. Ok énska iokaiòn:'on tánon iorì:wase tsi nihatiia'tò:tens. Kí:ken ne ronterí:ios, rontó:rats, rotiiá:ner, tehatirihwaierónnions tánon ratitsinahkèn:ta; tsi niká:ien athsokénhta tánon kakaraká:ions rontia'tontáhkhwa néne orihwakaiòn:ke tánon orihwasè:ke; tsi na'kakarò:tens tehohsontéhrha Tom tsi nonkwá:ti tsi nihaweienno'tenhón:we tánon tsi nón:we nihó:nakte ne onekwa'tara'kehkowáhne.

Ne Tom raonón:wa teiokahróia'akt kwah nè:'e wate'nientenhstáhkwen tsi ní:tsi rawesakonhátie, tsi ní:tsi tehotstikáwhon, tsi ní:tsi roskané:kon ahotó:ken'se ne katokenskéhtshera tánon ka'nikonhraientáhtshera teiotohétston ne kaweién:te atonhnhétsne. Raonón:wa tehotíkhas ne ráonha, tánon ne rontkáhthos, ne tsi nitiothahí:non ne wahón:nise tió:wen, teioiahià:kon A'nó:wara Tsi Kawè:note, aktóntie ne kaniatarowá:nen tsi niká:ien eh tiotáhsawe Kahnawà:ke tsi niiò:re Kaniatarí:io tánon iekaníhare atsa'któntie ne Ohrón:wakon tsi nón:we thawennakerá:ton.

(pp. 32-33)
Will Not Be Destroyed | Iah Thaionkerihwéntho, 2023
152.4 × 304.8 cm
oil on canvas | kén:ie kaskaratòn:ke iá:ore (Bob Hatcher)

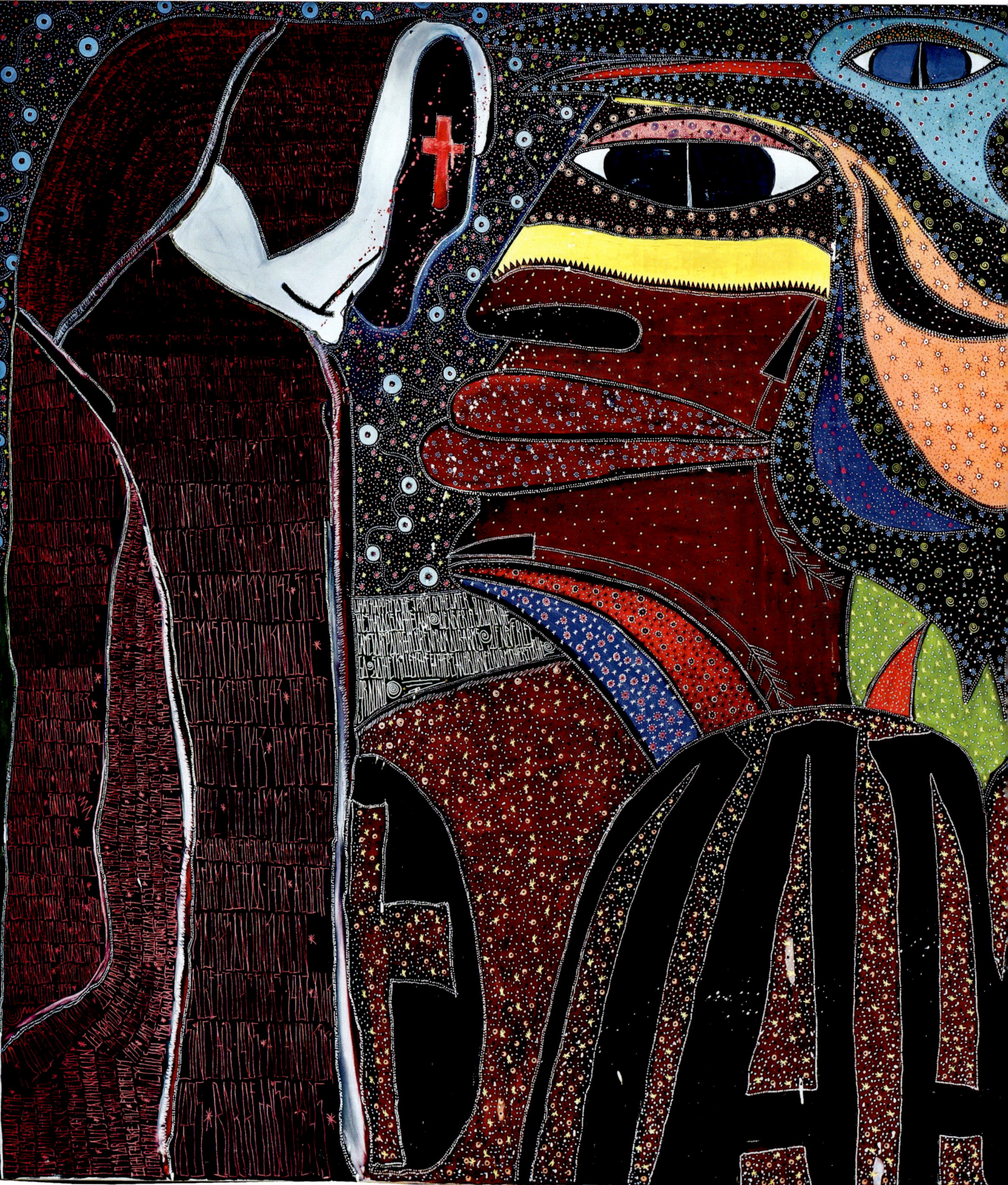

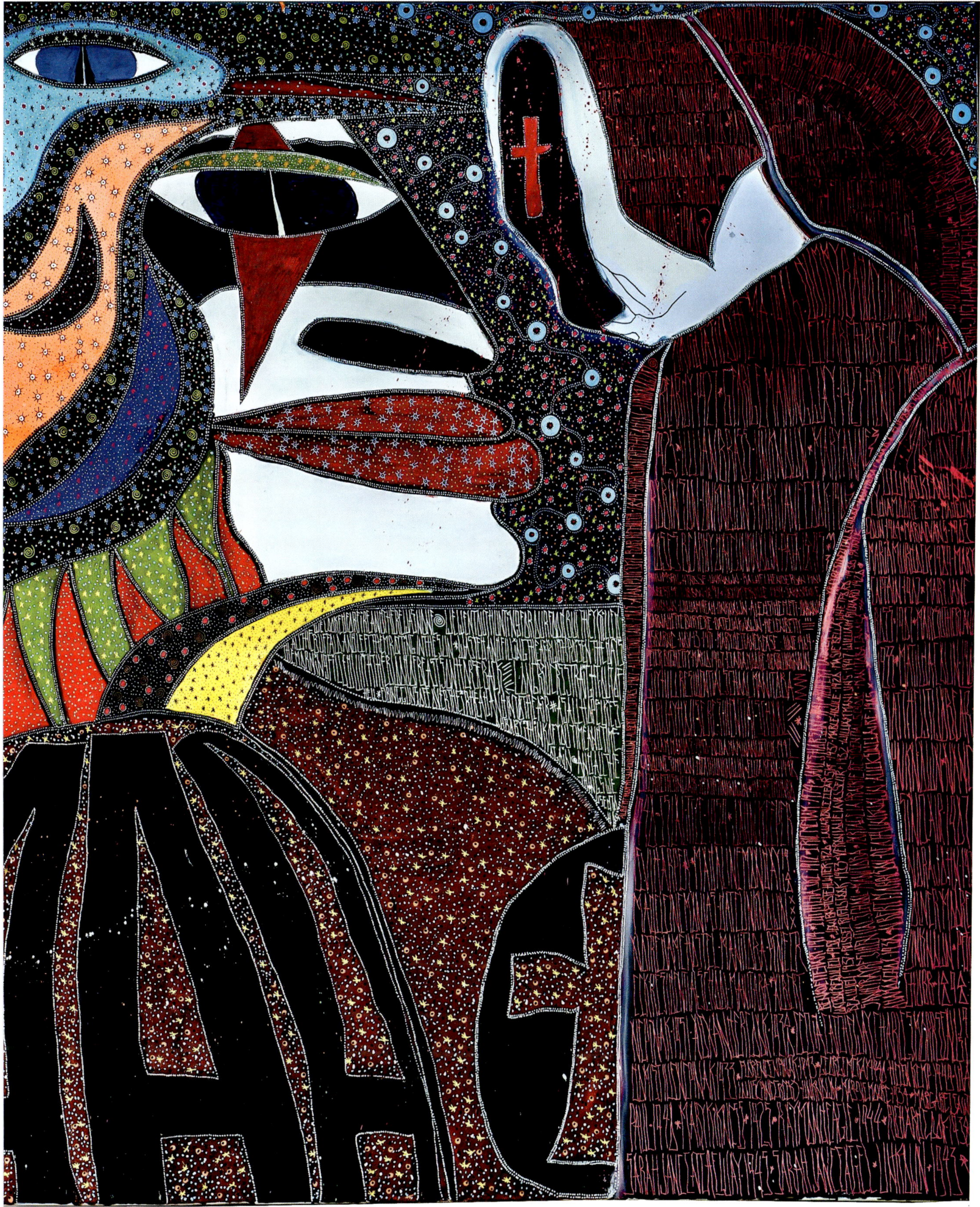

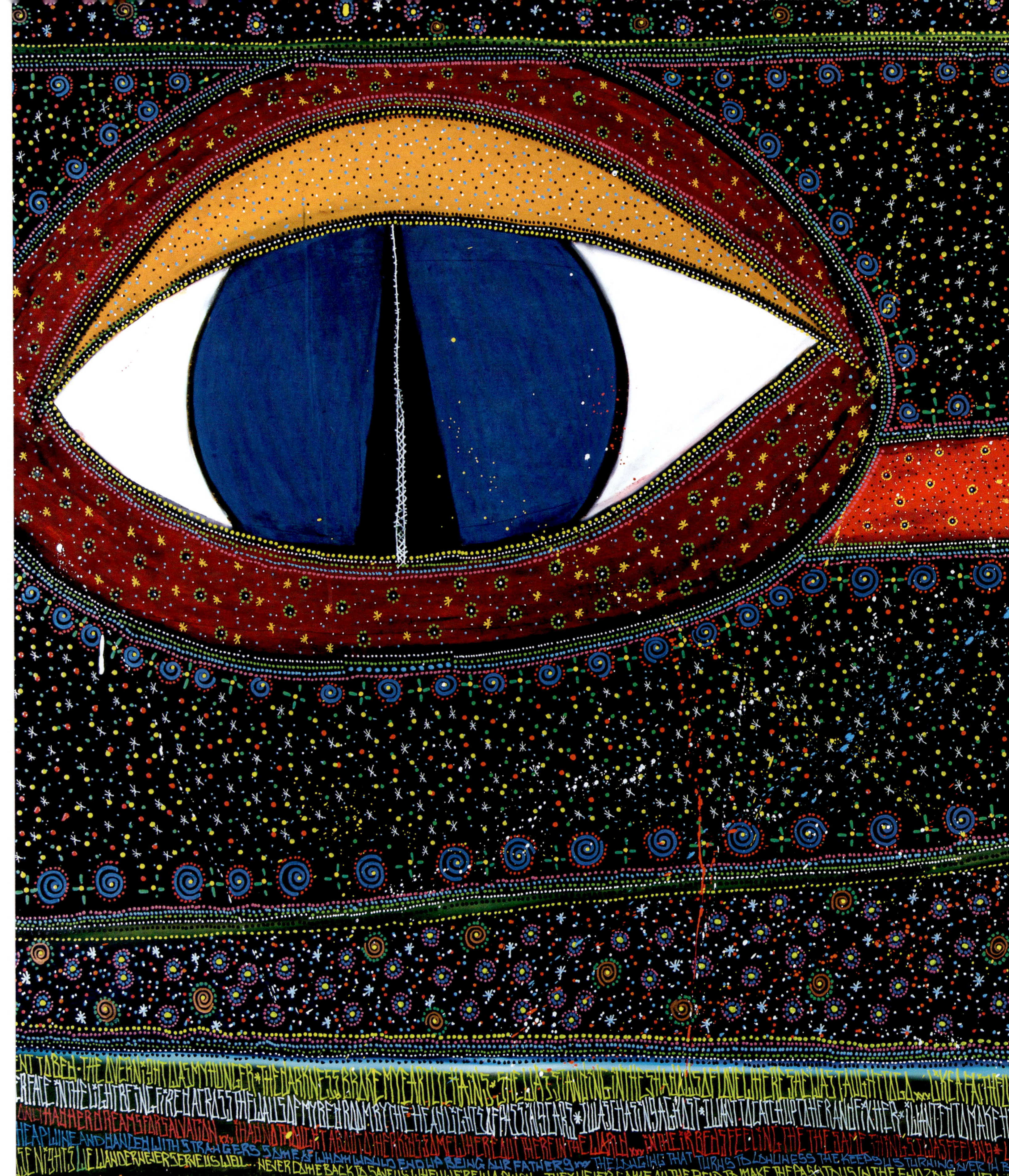
NT TO BED. THE OVERNIGHT WAS MY HUNGER * THE DARKNESS BRAKE MY EARTLY CHAINS * SHE WAS STANDING IN THE SHADOWS OF LOVE WHERE SHE WAS TAUGHT TO GO xxx LIKE A FAITHFUL
R FACE IN THE LIGHT BEING FIRED ACROSS THE WALLS OF MY BEDROOM BY THE HEADLIGHTS OF PASSING CARS * I WAS CHASING A GHOST * I WANT TO CATCH UP TO HER AND FIX HER * I WANTED TO MAKE H
ONLY HAD HER DREAMS FOR SALVATION xxx I HAD NO THOUGHT ABOUT OTHER KIDS SOMEWHERE OUT THERE IN THE WORLD xxx IN THEIR BEDS FEELING THE THE SAME THINGS I WAS FEELING * L
HEAP WINE AND DANCED WITH STRANGERS SOME OF WHOM WOULD END UP BEING OUR FATHERS xxx THE LONGING THAT TURNS TO LONELINESS THE KEEPS US TURNING OVER IN B
SE NIGHTS WE WANDER NEVER SERVE US WELL.. NEVER COME BACK TO SAVE US WHEN WE'RE IN A PINCH
MAKE THE PASS TO US IN THE END ZONE

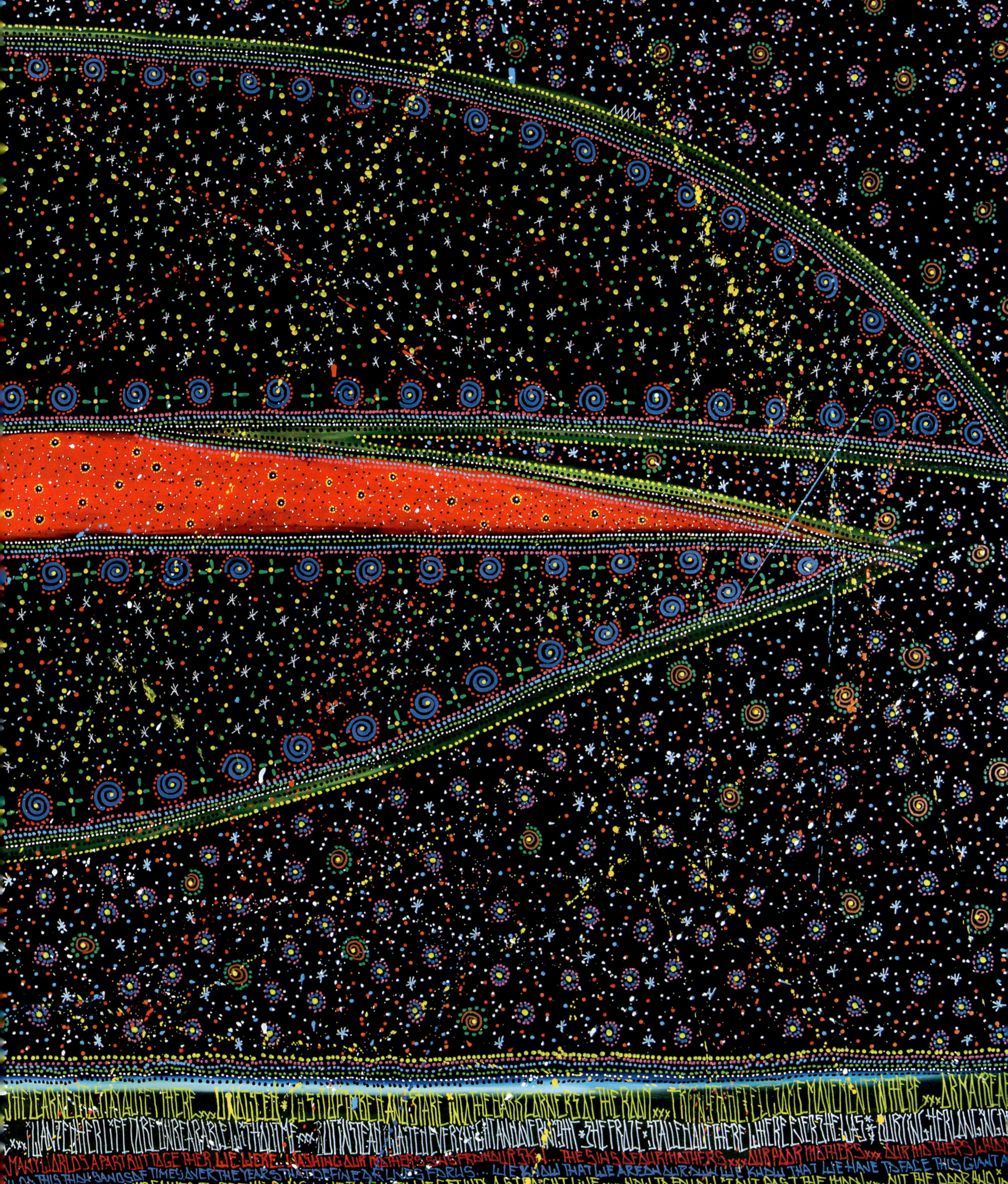

SHE LEARNED TO STAY QUIET THERE xxx UNNOTICED * TO SIT UP IN BED AND STARE INTO THE DARK CORNERS OF THE ROOM xxx
I WANTED HER LIFE TO BE UNBEARABLE WITHOUT ME xxx BUT INSTEAD I WAITED EVERY NIGHT AND OVERNIGHT * SHE FROZE * STALLED OUT THERE WHERE EVER SHE WAS *
MANY WORLDS APART BUT TOGETHER, WE WERE. WASHING OUR MOTHERS SINS FROM OUR SKY... THE SINS OF OUR MOTHERS xxx OUR POOR MOTHERS xxx OUR MOTHERS
DO THIS THOUSANDS OF TIMES OVER THE YEARS THAT DEFINE OUR LIVES FOR US.. WE KNOW THAT WE ARE ON OUR OWN WE KNOW THAT WE HAVE TO FACE THIS GIANT
CAME OUT TO OUR GAMES TO SEE US PLAY xxx WE TOSS UNTIL WE GET INTO A STRAIGHT LINE xxx NOW TO FOLLOW IT OUT PAST THE MOON xxx OUT THE DOOR AND

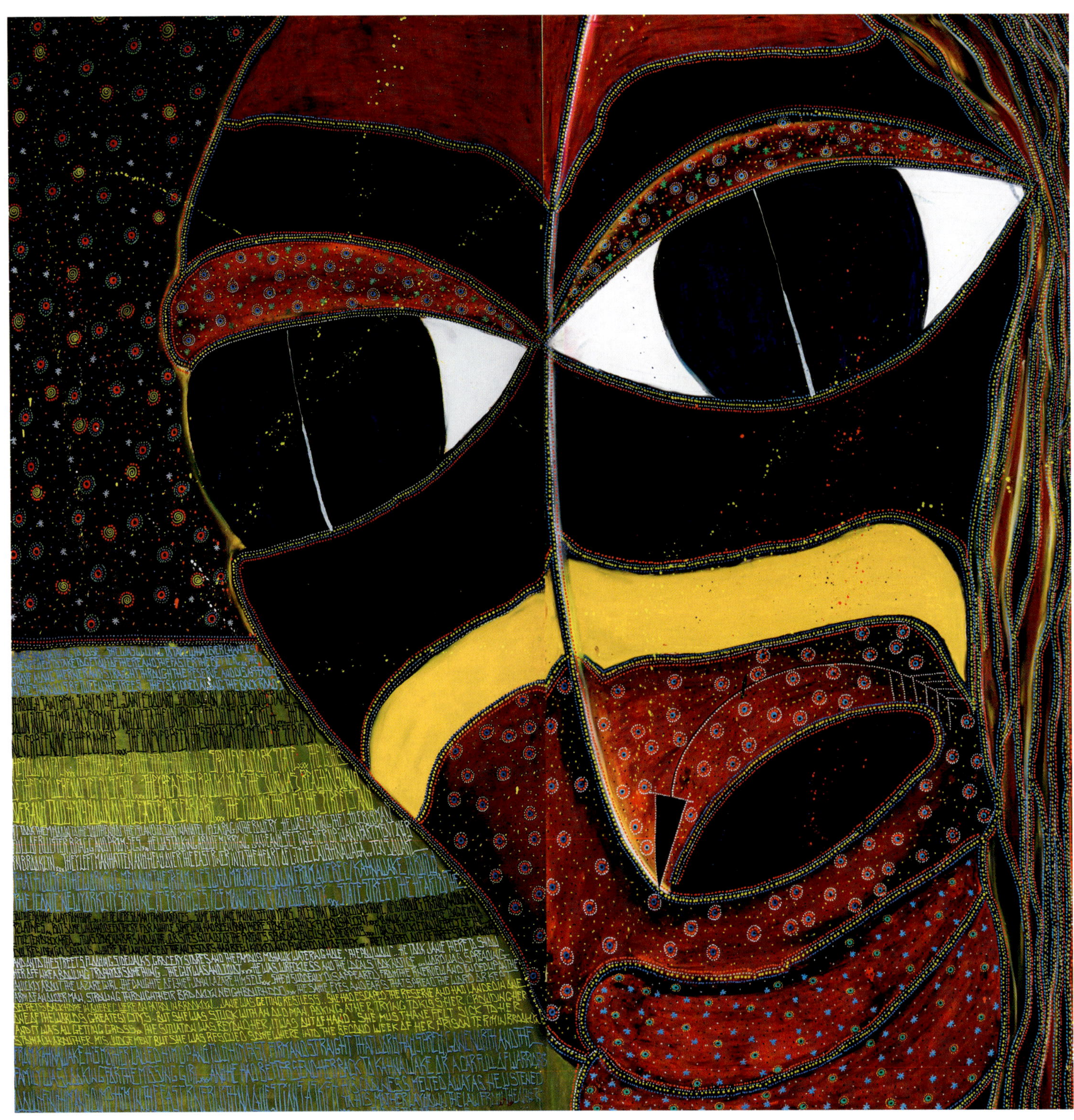

The Warrior | Raterí:ios, 2018
152.4 × 152.4 cm
oil on board | kén:ie ohson'karà:ke iá:ore (Bob Hatcher)

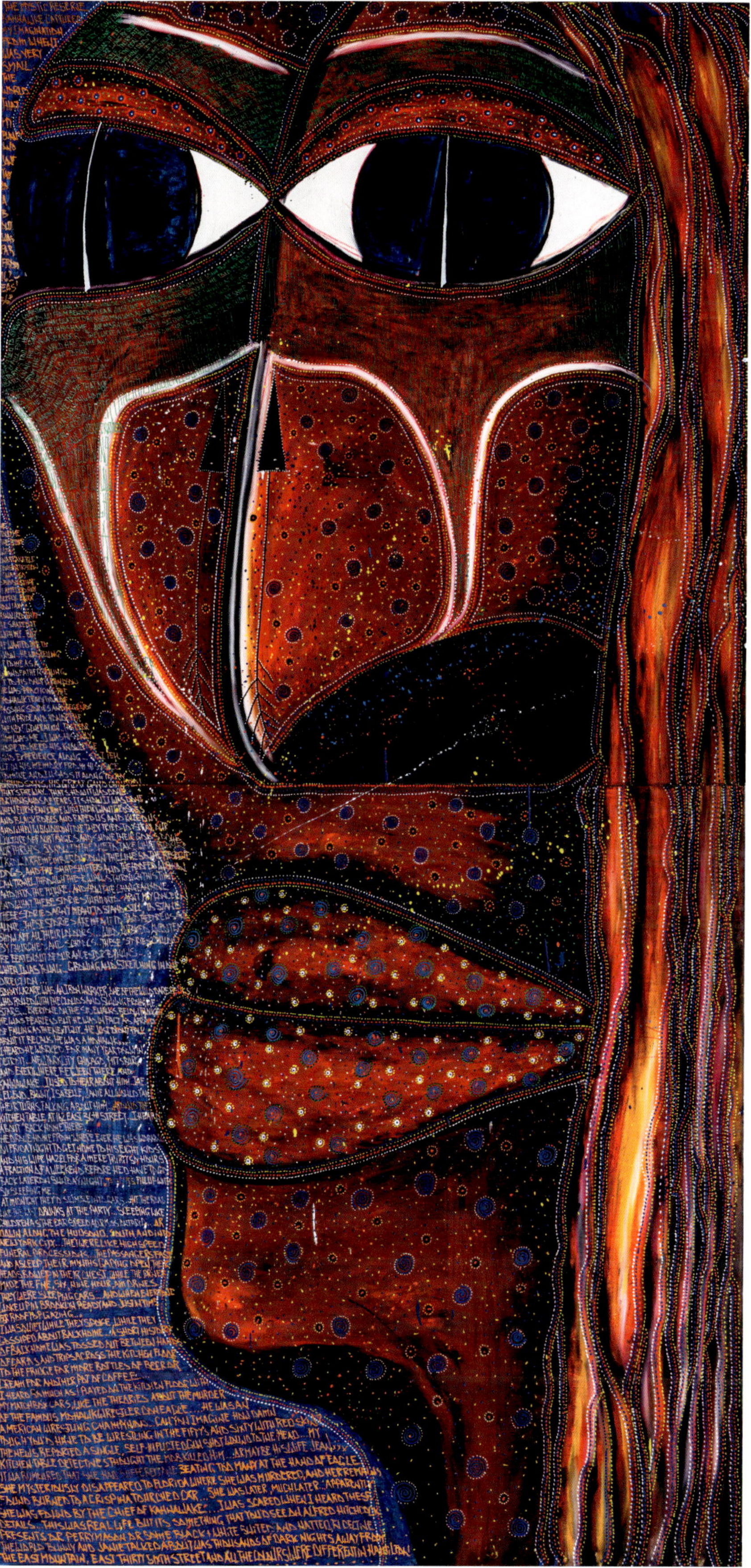

(pp. 39, 40-41)

The Hunter | Rató:rats, 2018
243.84 × 121.92 cm
oil on board | kén:ie ohson'karà:ke iá:ore
Private collectiton | Karihwahséhton Watkennisa'áhton

(José Crespo)

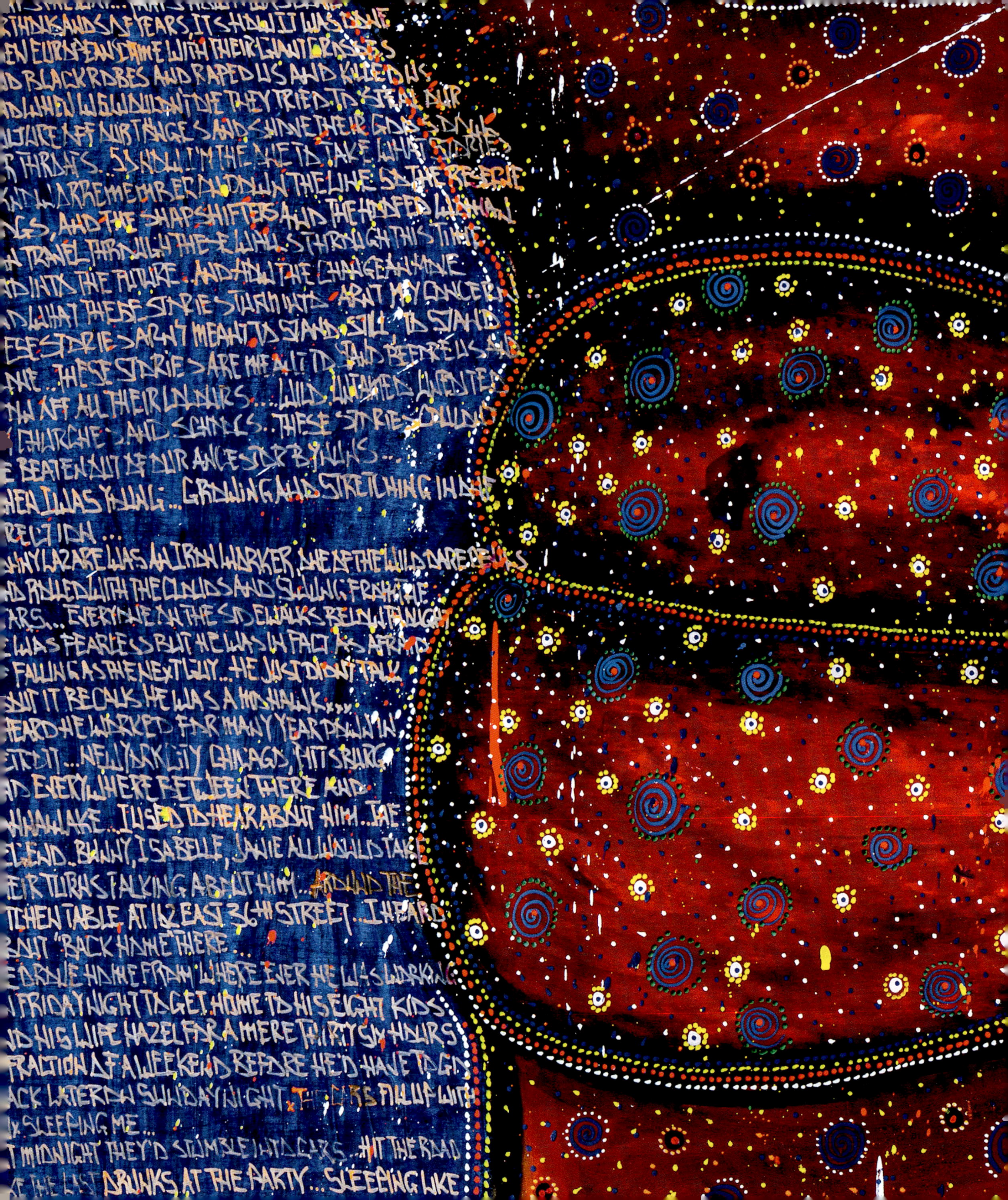

THOUSANDS OF YEARS, IT'S HOW IT WAS DONE
EN EUROPEANS CAME WITH THEIR GIANT CROSSES
D BLACK ROBES AND RAPED US AND KILLED US
D WHEN WE WOULDN'T DIE THEY TRIED TO STEAL OUR
LTURE OFF OUR TONGUES AND SHOVE THEIR GODS DOWN
R THROATS. SO NOW I'M THE ONE TO TAKE WHAT STORIES
I WAS REMEMBERED DOWN THE LINE SO THE RESERVE
GS, AND THE SHAPESHIFTERS AND THE HOOFED WOMAN
N TRAVEL THROUGH THESE WALLS THROUGH THIS TIME
D INTO THE FUTURE... AND HOW THE CHANGE AND MOVE
D WHAT THESE STORIES TURN INTO AREN'T MY CONCERN
ESE STORIES AREN'T MEANT TO STAND STILL TO STAND
NE... THESE STORIES ARE MEANT TO STAND BEFORE US AND
W OFF ALL THEIR COLOURS... WILD UNTAMED UNEDITED
CHURCHES AND SCHOOLS. THESE STORIES COULDN'T
E BEATEN OUT OF OUR ANCESTORS BY NUNS...
HEN I WAS YOUNG... GROWING AND STRETCHING IN MY
RELIGION...
NNY LAZARE WAS AN IRON WORKER, ONE OF THE WILD DAREDEVILS
D ROLLED WITH THE CLOUDS AND SWUNG FROM THE
ARS... EVERYONE ON THE SIDEWALKS BELOW THOUGHT
WAS FEARLESS BUT HE WAS IN FACT AS AFRAID
FALLING AS THE NEXT GUY... HE JUST DIDN'T TALK
OUT IT BECAUSE HE WAS A MOHAWK...
HEARD HE WORKED FOR MANY YEARS DOWN IN
TROIT... NEW YORK CITY, CHICAGO, PITTSBURG
D EVERYWHERE BETWEEN THERE AND
HNAWAKE... I USED TO HEAR ABOUT HIM... THE
LEND... BUNNY, ISABELLE, JANIE ALL WOULD TAKE
EIR TURNS TALKING ABOUT HIM... AROUND THE
TCHEN TABLE AT 162 EAST 36TH STREET... I HEARD
OUT "BACK HOME" THERE...
E DROVE HOME FROM WHERE EVER HE WAS WORKING
FRIDAY NIGHT TO GET HOME TO HIS EIGHT KIDS
D HIS WIFE HAZEL FOR A MERE THIRTY SIX HOURS
FRACTION OF A WEEKEND BEFORE HE'D HAVE TO GO
ACK LATER ON SUNDAY NIGHT. THE CARS FILL UP WITH
Y SLEEPING ME...
T MIDNIGHT THEY'D STUMBLE INTO CARS... HIT THE ROAD
E THE LAST DRUNKS AT THE PARTY... SLEEPING LIKE

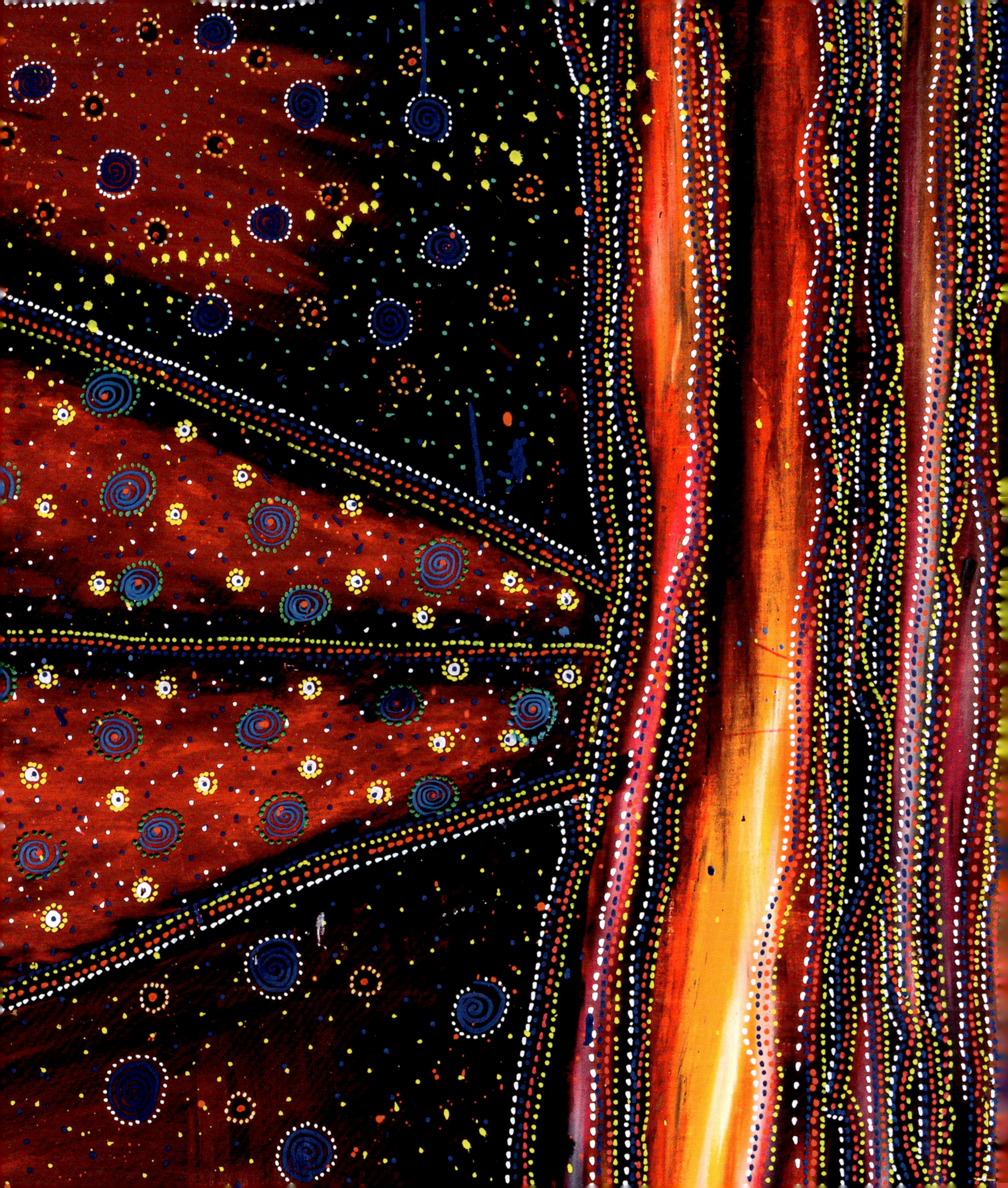

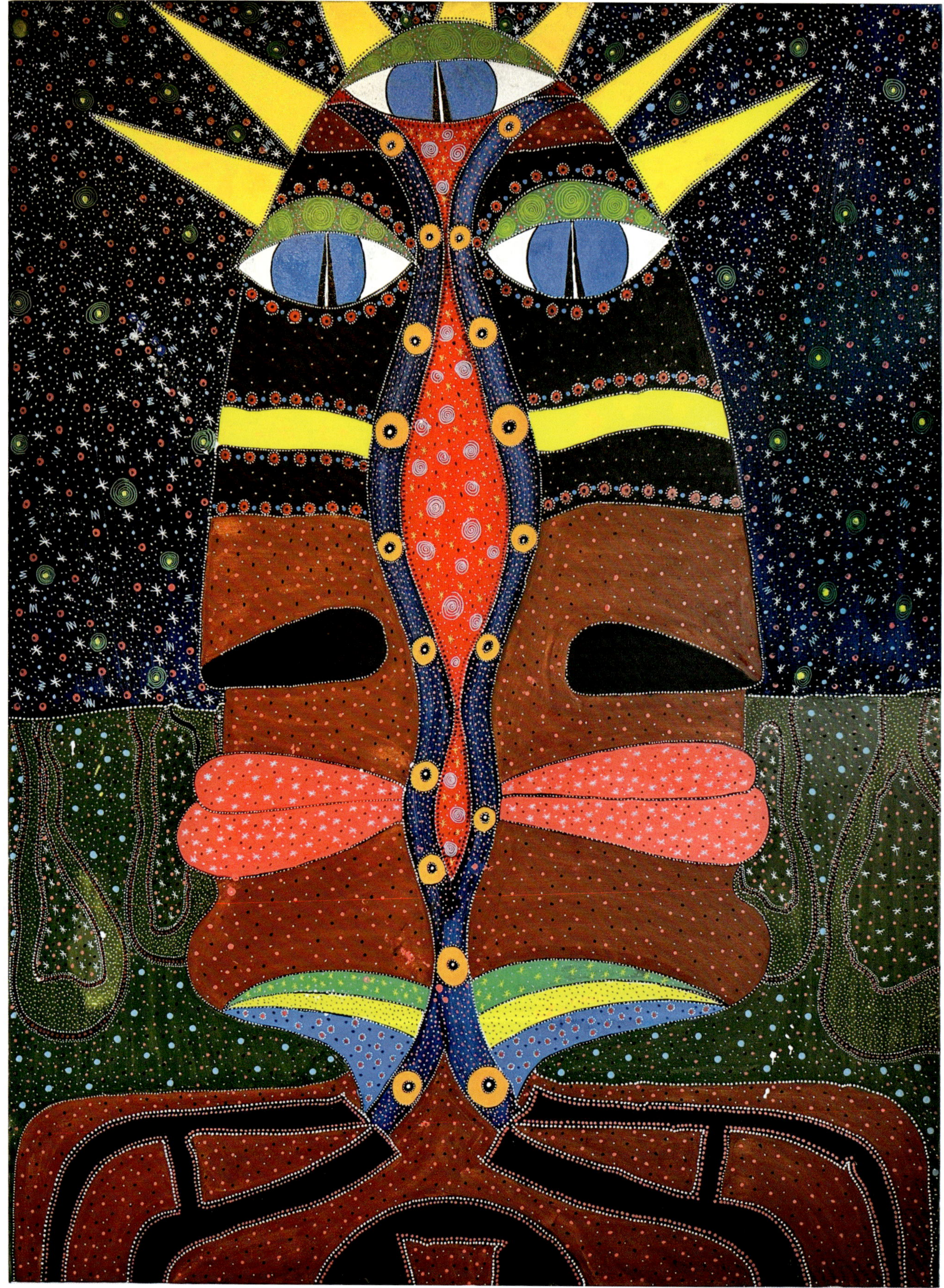

TEHOHÁHAKE: TWO ROADS

TOM WILSON TEHOHÁHAKE

I come from two worlds — three if you count my dreams. I was never sure about the one I was born into, pacified in slumber and longing for the one I didn't know. I always knew that something was off. I didn't end up in the wrong world, just a different one than the ones my sisters and brothers grew up in.

That other world would come to me in a recurring dream that has lingered around my bed for decades. I know now it's a calling from my home, long distance through the ether and hammered down on my pillow beside me in slumber. I stand on a riverbank at night, looking at the lights on the other side. I can't get to them because, in my dream, I'm too small to swim across, and the rapids are too violent anyway. From the woods behind me comes my grandfather John Lazare. He asks me to get on his back so he can swim me across. I get on, and as we get halfway into the mad river, he becomes a giant turtle and lifts off the water as I hold on for my life. That's where the dream ends. Every time. I never make it to the land I'm trying to reach. I know now that the mysterious land in my dream is Kahnawake, and the river I'm trying to cross is the St. Lawrence Seaway.

My real name is Thomas George Lazare, Tehoháhake. I come from a family of Mohawk Chiefs and warriors, peacemakers and peacekeepers, lacrosse magicians and tobacco salesmen, shamans and shit disturbers, hustlers and survivors. I didn't grow up in Kahnawake. Instead, I grew up in Hamilton, Ontario. I'm a living, breathing lie and an embarrassment. A married man's mistake and a young girl's only chance to change the direction of her life and hop a fence to get out of town. I was left off in a white world. I roamed among the settlers in the east Mountain wearing a disguise handed to me when I was too young, unaware that I was wearing it. The Mohawk had been wiped clean from me. With every colour I spread across a surface, I get closer to finding myself. I'm taking off that colonial disguise.

Two Roads | Tehoháhake, 2023
121.9 × 91.4 cm
oil on canvas | kén:ie kaskaratòn:ke iá:ore
Private collectiton | Karihwahséhton Watkennisa'áhton (Bob Hatcher)

The truth of who I am was kept from me, but it groaned in agony from inside the walls of my childhood home. The truth, that constant seeker with the tenacity of a travelling salesman, never came knocking and never made its heavy-hearted delivery to me. The truth was a no-show. It robbed me of my golden heart.

I remember when I was small, the truth was whispered around my kitchen table. I hid under there, collecting clues from the adults. Down in the darkness, I'd hear them shuffling cards, breaking open packs of smokes and the tops of bottles.

Their voices would rise from hushed tones to full skin-poppin' laughter as the level of the bottles went down. Their conversations took me at the speed of my imagination to the land of my missing family, although I didn't know that at the time.

I heard fantastic stories filled with names that belonged to gangsters and ghosts, Skywalkers and monster slayers. Incredible tales about hoofed women and men who turned into dogs, and burning souls on telephone wires, and the fog coming off the seaway, the bridges, speeding trains, and the shadows that passed below...

Later, I'd lie in my bed with their stories in my head, taking me to times and places I knew were real. I closed my eyes and cruised over the treetops, swooping down the dirt roads below. I'd walk to the rhythm of broken chains with all the reserve dogs barking behind me as I passed through the deepest blues and greens. Colours alive like I'd never seen before. I'd see the fires of ancestors burning in the distance across the graveyards, and I'd step into the black shadows cast over the land by the great bridge.

This place they talked about in the remaining hours of the day around the kitchen table took me there. Got me to a place where I thought I was supposed to be. A place where even the ghosts were set free. I was determined to find my way back to that other world, the living mystery. So, I kept looking for an opening, a passage back.

I started painting not because I thought of myself as an artist with a talent that the world had to experience but as a man who needed to get rid of negative energy and dark thoughts. The colours swept out my corners and stirred up the sludge at the bottom of my lake. In 1997, I was trying for the second time to stop drinking. I'd managed to go a year without booze in 1992 when my son, Thompson, was in his mother's belly. I wanted to change my path, but after he was born, I fell back into the old boring grind of addiction. This time, I intended to arm myself with positive intentions. Instead of spending my evenings at home being destructive, I wanted to do something productive. I bought a box of oil pastels and pulled some discarded pressboard out of the alley behind our house on Stanley Avenue in Hamilton and started covering the distressed wood with colour. I graduated to canvas and filled the house with these odd paintings of faces. Eyes, nose, and mouth. Simple and easy to recognize. I liked the way they looked, so I kept going. I failed at my second attempt to quit the drink, but the focus I found, the meditation of the physical act of applying paint onto canvas and scratching my words into the wet paint, stuck with me.

I have been sober for twenty-four years now. . . . I thank the powers that gather around me when I paint. I thank my family.

This is all I have. There's nothing else: just these shapes, colours, obsessive details, and words rising from blood, dropping me into meditation, filling my room with silence, and calming my restlessness. They're for you now. This art isn't a kind gesture. Sometimes it feels like a bar fight. It's survival; it's my guttural scream over the rooftops; it's my journey. I'm scratching at the truth now, and I won't stop until they're throwing dirt on my memories.

I seek out art in the inspiration that comes on the banks of the seaways, on the edge of escarpments, and in the centre of rusting industries — the places I've lived and the place I've always belonged. I'm on a path that keeps me guessing, following stars in the night sky and lights down hallways. Long-distance drives looking for the nails used to hang my heroes to their crosses.

The stories from my true home come to me and lead me forward through time, through these days.

When I stand in front of the canvas, the board, and the sculptures I paint, I feel the blood memory come off the work, the colours, and the ancient trading of energy — the sacrifice, meditation, loss, and longing. The work is a call to the ancestors to remind them that we are still here, alive.

I call out to the spirits. My ancestors gather around me, the waters of the seaway part, and the arms of my family open to embrace me. After six decades of being distant and out of focus, Kahnawake Mohawk territory is slowly coming into view for me.

The burning desire to create something that wasn't there yesterday calls the tempest winds that blow me back and forth, knocking me off balance and out of my chair and keeping me awake at night, taunting me and filling me with self-doubt. My colours, shapes, dream-state details, and the words that I put into my work cut a valley of light straight through a lifetime of darkness.

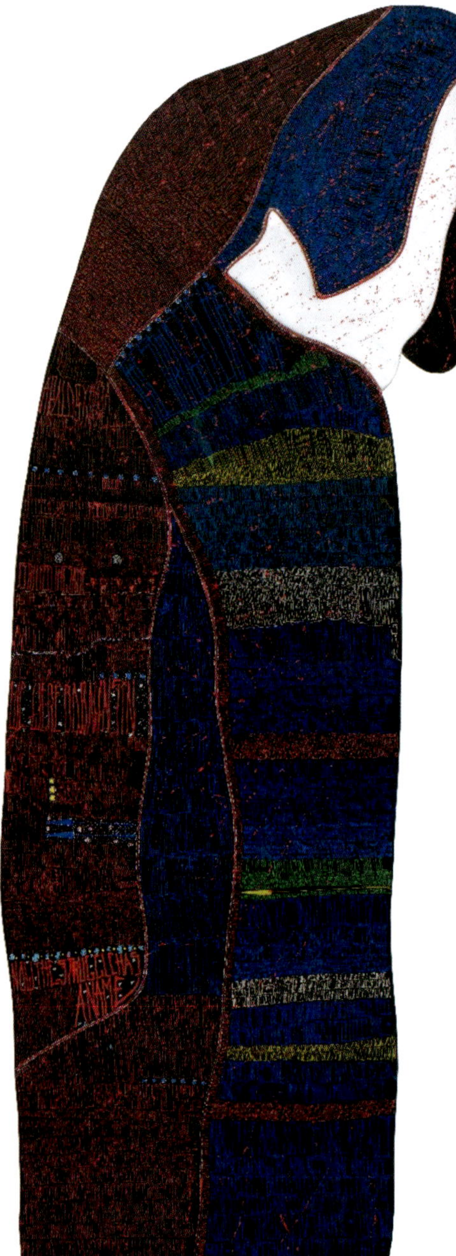

I paint for the lost children buried in the ground of abandoned residential schools. I paint for the generations of my family who worked high steel, building North America into the sky. I paint for my family who filled out their wills at their kitchen tables and went into the woods to fight the Canadian Army during the Oka War in 1991. I paint for my mother, who, from the age of six, attended residential school as a day student. Her teacher told her, every day, to stand up with the rest of the Mohawk children in her class and take a good look at each other, take a good long look because they were looking at the last Indians this world would ever see. My mother believed she was one of the last Indians. On her eightieth birthday, she told this story to me, her son, and my kids, her grandkids, and my two grandsons, her great-grandchildren — four generations of Mohawks. She was not the last Indian. She is a Survivor. Through her, I stand as a result of this country's greatest sin. I paint to illustrate that we are still here. I paint because Canada's attempt to kill off the entire Indigenous population is one of the grossest and most inhumane sagas in the history of the planet, and it continues today. So, I keep painting.

Murder (detail) | **Iontatahséhton** (tsi niiorihò:ten), 2022
243.84 × 121.92 cm
oil on cut wood | kén:ie tekaientia'kòn:ke iá:ore
Tyendinaga Cultural Centre, Tyendinaga Mohawk Territory | Tsi Tyónnheht Onkwawén:na, Kanien'kehá:ka Tsi Kanakerahserá:ien Kenhtè:ke

(p. 47)
Janie Lazare Konnkari, Bunny Wilson, Tom Wilson Tehoháhake, c. 1960
(Tom Wilson Tehoháhake Archive | Tehoháhake raorihwa'shòn:'a tsi ionteweien'tónhkhwa)

(pp. 48-49)
Ghosts by the Pool | **Atónhnhets kón:ne's ákta Tsi Wathnekóhkhwa**, 2018
182.88 × 132 cm
oil on board | kén:ie ohson'karà:ke iá:ore
Private collection | Karihwahséhton watkennisa'áhton (José Crespo)

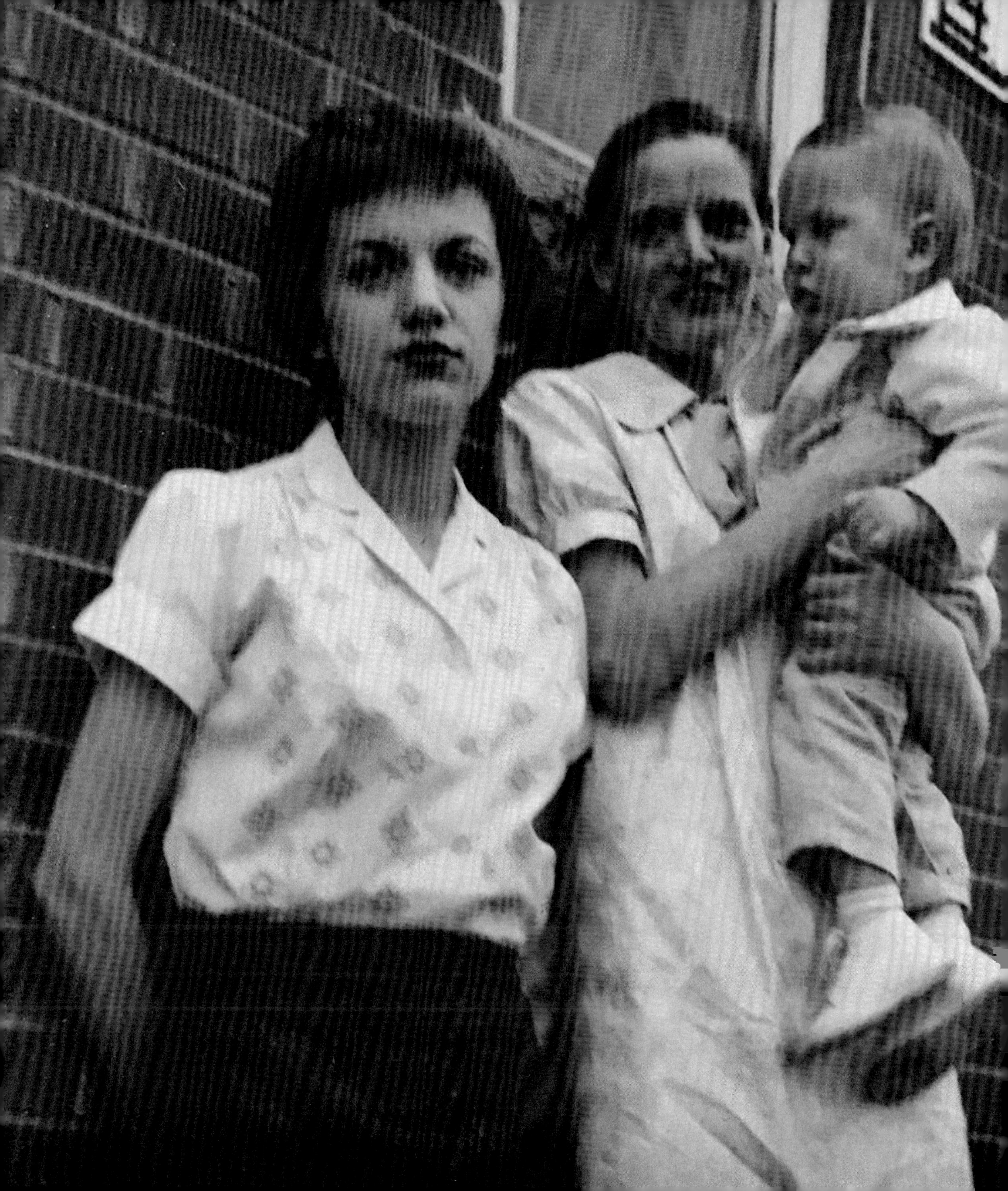

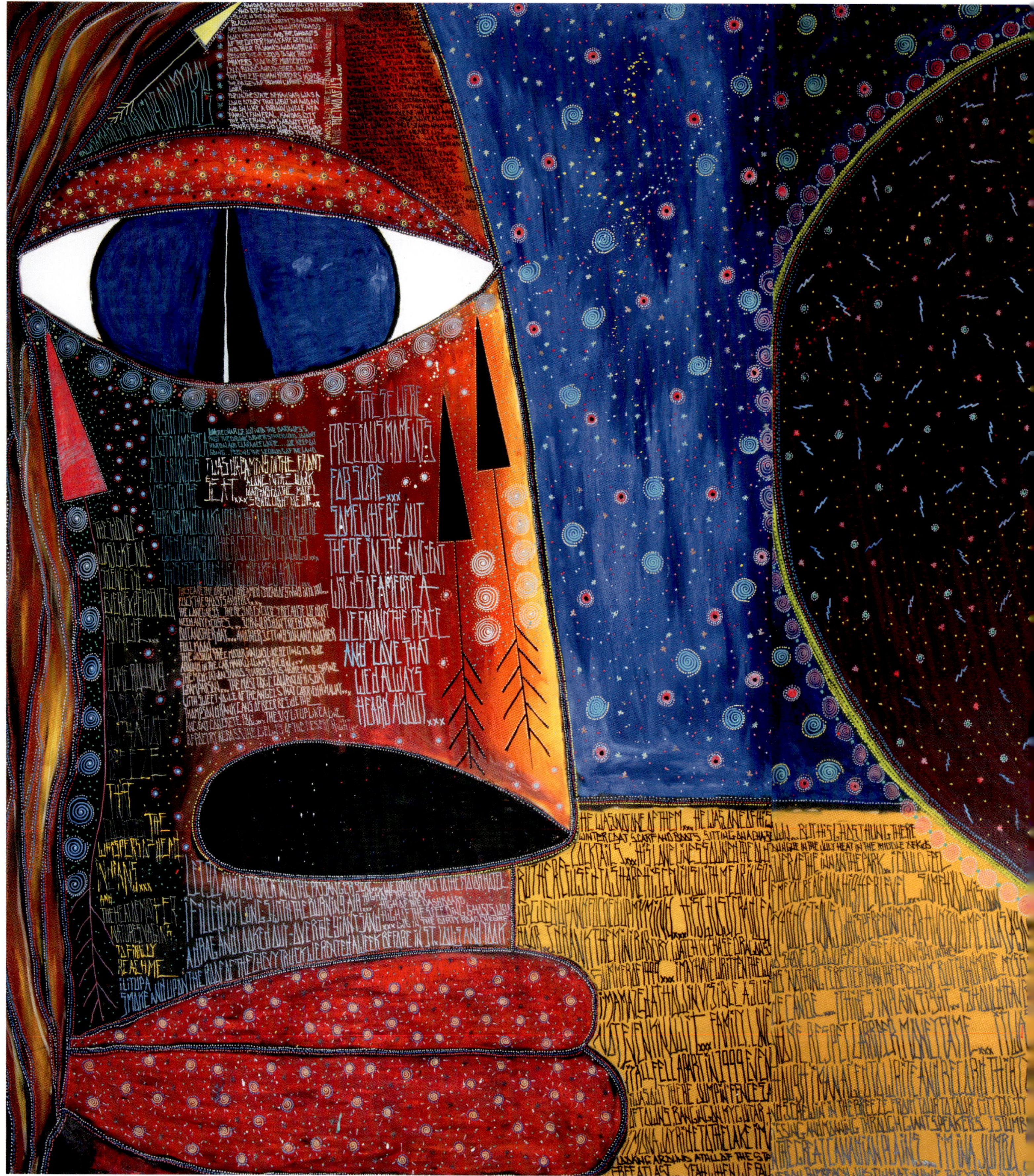
THESE WERE
PRECIOUS MOMENTS
FOR SURE xxx
SOMEWHERE OUT
THERE IN THE ANCIENT
WILDS OF AMERICA
WE FOUND THE PEACE
AND LOVE THAT
WE'D ALWAYS
HEARD ABOUT xxx

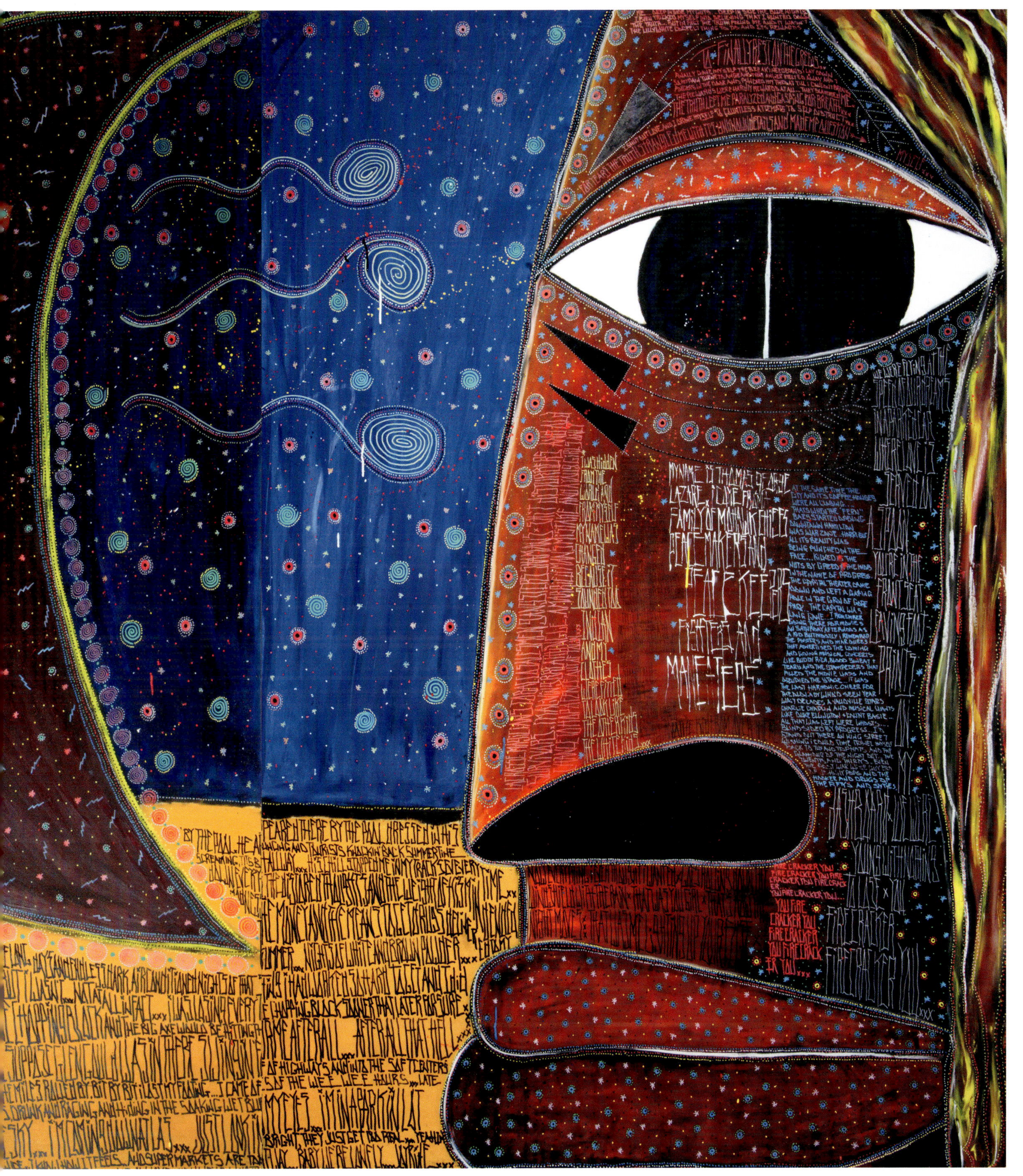

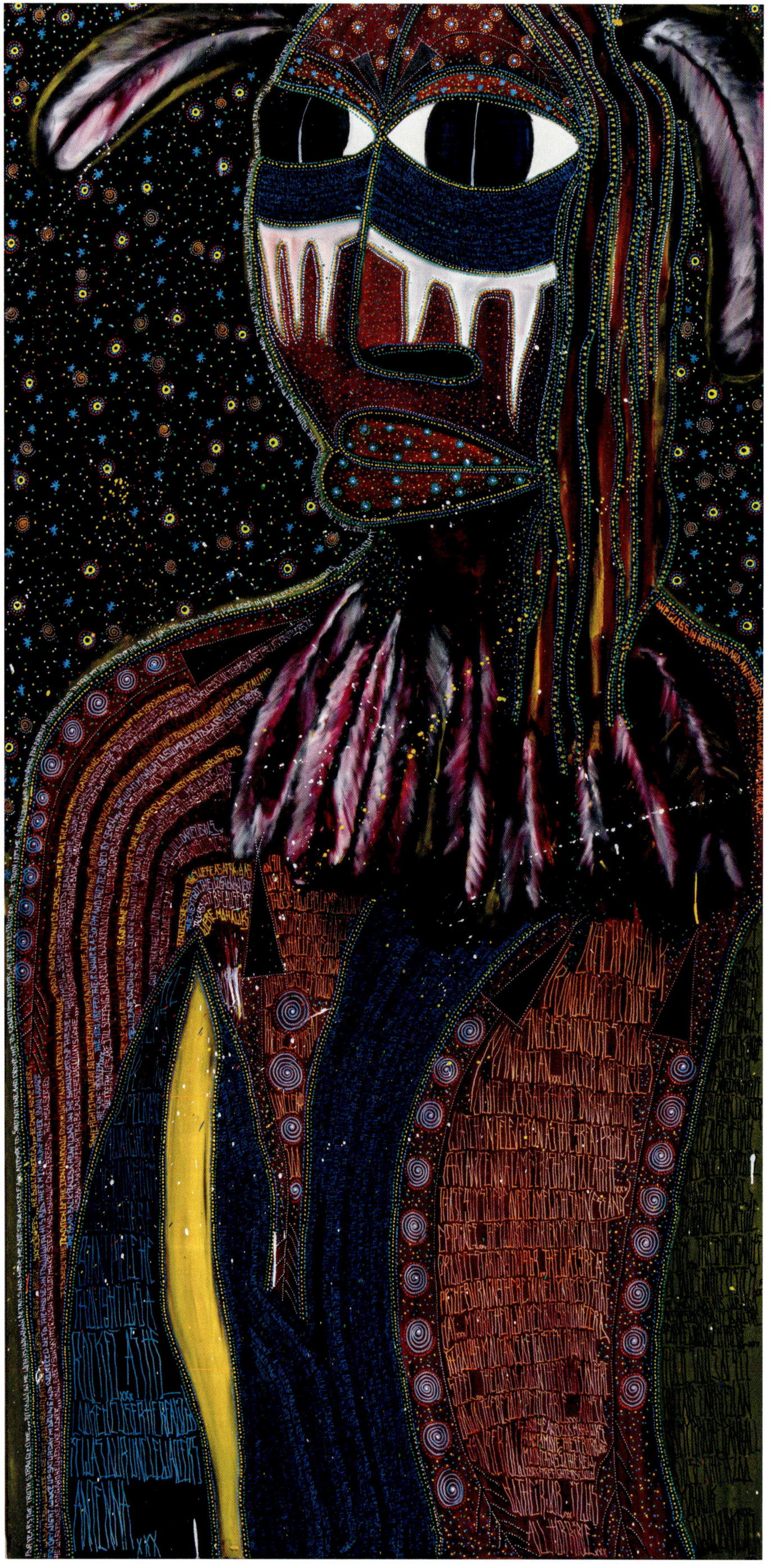

Skywalker | Karonhià:ke Ì:re's, 2018
243.84 × 121.92 cm
oil on board | kén:ie ohson'karà:ke iá:ore
Private collection | Karihwahséhton watkennisa'áhton (José Crespo)

TEHOHÁHAKE

TOM WILSON TEHOHÁHAKE

Teionhwentsá:ke nitewaké:non – áhsen tóka' enhsáhsete akwatetshénhsera. Iah nonwén:ton kwah iohní:ron tewakaterièn:tarahkwe ka' nonkwá:ti tewakennakerá:ton, skén:nen thí:ken tsi wakí:ta's tánon kehnhá:tens tsi niká:ien iah tetienté:ri. Tiótkon shos wakaterièn:tare tsi ok nahò:ten ó:ia ní:ioht. Iah eh tewakennakerá:ton tsi nonkwá:ti ne iah tetionhwentsaié:ri, nek tsi nón:we thiká:te ne tsi niká:ien iakwatate'ken'okòn:'a thonatehià:ron.

É:so iohserahsenhserá:ke iotkà:te shos akwatetshenhserá:kon enwatia'tó:ren'ne thí:ken thiionhwentsá:te akenaktaktóntie. Ó:nen wakaterièn:tare tsi tetewakì:nonks ne ka' nitewaké:non, eh nitewéhtha atonhnhetsherá:kon tánon akwatkon'seráhne iekà:ra's thia'tewakeserénhtake. Eh ítkete kaniatarákta nahsonthèn:ne tekkà:nere thí:ken ísi' na'kaniatará:ti tkahahseró:ton. Iah thakkwé:ni eh iá:ke nakwatetshenhserá:kon ase' ken sótsi ken' nikà:'a ne tatià:ia'ke, tánon sótsi iohnawatshà:ni ó:ni. Kahrhakonhkó:wa nontà:re ne rakhsótha John Lazare ne khsòn:ne. Rakerihwanontón:ni kátien rahsòn:ne tsi enhakhnióha. Wa'kátien ki' ne rahsòn:ne, tsi ó:nen kaniatáhrhen niiò:re iákenes ne iohnawatshà:ni, kwah a'nó:wara wahá:ton tánon skenen'shòn:'a wa'thá:ten wa'thahnekótkahwe kwah iohní:ron wakatienawáston. Kwah tho nón:we wakatetshenhsero'ktá:nis. Tiótkon. Iah nonwén:ton thakkwé:ni akerá:ta'ne tsi nón:we kate'niéntha iá:ke. Wakaterièn:tare tsi Kahnawà:ke í:ken ne ken' iaonhwentsanekhé:renht nakwatetshenhserá:kon, tánon Kaniatarowanénhne í:ken ne tsi nón:we kate'niéntha tatià:ia'ke.

Thomas George Lazare, Tehoháhake ne akhsenna'ón:we. Eh nitewakathwatsirí:non tsi nonkwá:ti ne Kanien'kehá:ka rotiiá:ner tánon ronterí:ios, skén:nen ronnón:nis tánon skén:nen ratihá:wis, tehonttsihkwà:'eks tánon rontien'kwahní:nons, ratitsinahkèn:ta tánon tehati'tawén:ries, rontkwénies tánon shonnonhnháhere. Iah Kahnawà:ke tetewakatehià:ron. Niá:we, Ohrón:wakon, Kaniatarí:io tewakatehià:ron. Onowèn:ta tánon atehénhsera nitia'tò:ten. Ne shaià:ta roniá:kon teho'nienskèn:'en tánon ne tseià:ta ieià:tase ohna'kénhkha tsakote'shén:naien ne taieté:ni tsi ní:tsi iakónhnhe tánon tsi waten'èn:rote ia'tionni'tsónhkwahkwe tsi wa'tienatótkahwe. Ok tha'onkwátkahwe ratihnarà:ken tsi ronatonhontsá:te, tánon wa'tkatawén:rie kanèn:rakon ne Tsi Tkarahkwíneken's Tionón:te nithoné:non, iontahsehtáhkhwa atahkwénnia taión:kon nó:nen sótsi ken' shikà:'a. Tánon iah tewaktoken'sehátie tsi nè:'e wakatstòn:ne. Kwah é:ren wahatihá:wihte tsi Kanien'kehá:ka nitia'tò:ten. Akwé:kon tsi niwahsóhkwake enkéhrho noskarà:ke, sénha ákta wakátte naketshén:ri ónhka kwah nì:'i. Katstáhsions thí:ken ratihnara'ken'kéha atahkwénnia.

Wa'onkerihwahséhten naktokenskéhtshera ne tsi na'tia'tò:ten, nek tsi wa'aonshenánion ahsonhtakónshon tsi tki'terón:tahkwe shikeksà:'a. Ne katokenskéhtshera, kwah tho niiotste'nià:ron tsi ní:ioht ne iontkè:rons, iah nonwén:ton tetiohnhonhtíshon tánon iah nonwén:ton tewakatenniehtén:ni nahò:ten iorihwákste karihwenhá:wi. Iah káneka teioke'tóhton ne katokenskéhtshera. Onkéhkhwa ne ohwistanó:ron naonkweriahso'tèn:'en.

Kè:iahre ken' shikà:'a, wa'thatitsáhon tsi katokenskéhtshera wahontá:ti akwatekhwahra'tsherákta. Tho nón:we nà:kon wa'katáhsehte wa'katenonwí:rehte, kerò:roks orihwa'shòn:'a néne ratikowá:nens ronenránions. Tho shos enwakathón:te'ne nahsá:takon tsi tehatihiatonhserawén:ries, ratinontéksions iehsikare'tsheraráhkhwa, tánon ratinontéksions katshe'shòn:'a.

Rotiwennásto shos enthontáhsawen tsi enhontá:ti sok tó:k nenwanihnatá:ko tsi tenhontón:tarikte tsi ratitshe'tenthóhserons. Tsi ní:tsi wa'thatihtharónnion kwah tho niio'shátste iahontia'ténhawe tsi nón:we khwatsí:raien ne iah tekheienté:ri tsi ní:ioht tsi niio'shátste tsi nitkerástha, iah se' wáhi tewakaterièn:tarahkwe eh nahò:ten eh shikahá:wi.

Tó:k nikakarowá:nens wa'kà:ronke néne rotinenhráksens tánon atónhnhets ratihsennarónnion, Karonhià:ke Thatirá:tes tánon ratitsi'nonwaksenhtsherénthos. Iokaranehrakwahténion néne tehotitsinaren'tón:ton è:rhar ronatatón:ni ronwatiká:raton, tánon teiehtharáhkhwa karonwarà:ke ronthsa'áhtha atónhnhets, tánon teiotshá:taien tsi kana'tsheratátie nontaiawenonhátie, ne wahskwahrónnion, teiotì:ka tiio'kéhrha, tánon natahsá:ta nà:kon ontóhetste…

Ohna'kèn:ke shos enká:rate akenaktà:ke ake'nikòn:rakon watáhkhe akwé:kon ne raotikara'shòn:'a, eh ienwatia'ténhawe tsi niwathá:wis tsi nonwè:shon wakaterièn:tare tsi tó:kenske. Wa'tkateròn:weke sok è:neken tsi iotehrhaténion wa'katóhetste, wa'tewakonhontsawískwahte ohaha'késhon ehtà:ke nonkwá:ti. Tho shos ní:tsi enkate'kháharen tsi niwatenonní:ne ne teioteronkwahsià:kon tsi akwé:kon ionkhnihánions nè:rhar khsòn:ne tsi wakatohetstonhátie ne iohsohkwatà:kon oròn:ia tánon óhonte.

Iotitsiratárion ohsohkwa'shòn:'a néne iah nonwén:ton tewakatkáhthon nohén:ton. Enkatkáhtho shos tsi nón:we thonattsenhón:ni í:non niiò:re tsi thatiia'tatárion, sok tsi ahskwa'kehkó:wa tsi iotahsá:tare nonhontsà:ke iénske.

Eh iahontia'ténhawe ne tsi niwatenatò:ten wahatihthá:rahkwe atekhwahra'tsheraktóntie shiiotenhniseratíhen. Eh iahontia'ténhawe tsi nón:we wà:kehre teiotonhontsóhon aké:sheke. Tho niwatenatò:ten tsi nón:we ne atónhnhets tsonathnerénhsion. Kwah tewake'nikonhrakontáhkwen aonsakhahatshén:ri ne tho thiionhontsá:te iothahí:non, ne iónhnhe ionekhé:renht. Ia'katahsónteren tsi ké:saks tsi nón:we teioron'wén:te, ioháhonte ne aonsakahtén:ti.

Nè:'e aorì:wa takatáhsawen tsi kkontsheráhrhos iah tsi wà:kehre tsi kenonión:ni tánon keweién:te néne onhóntsa ó:nenk tsi enhóntken'se, nek tsi tsi waksken'rhakéhte tánon tewakatonhontsó:ni ísi' iaonkwá:ti é:so ka'shatstenhseráksens tánon tetiote'nikonhra'karáhwhons. Ne ohsohkwa'shòn:'a wa'kontónhewe tsi tewakatehnhonhtawen'ékhon tánon wa'tkontinawa'tstawén:rie kanón:wakon nakeniatará:kon. 1997 shiiohserò:ten, wa'kate'niénten aonsakathnekó:kewe tekeníhaton. Énska wa'kohseraié:rite wa'kathnekó:kewe 1992 shiiohserò:ten, nó:nen riièn:'a, Thompson, shé:kon ro'nisténha akonekwèn:takon shihaià:ti. Wa'kaská:neke ó:ia aonsakháhara'ne, nek tsi shé:kon ionsakathón:rohwe ne nahò:ten wakeniarí:nes shahrennákerate. Ok nòn:wa kwah wakate'shennón:ni ne ka'nikonhrí:ios akatotáhrhoke. Ne niá:we akatahsontatié:sahte tsi kenonskárias ne tsi tkì:teron, kwah wa'kaská:neke ó:iak nahò:ten akaterihón:ten. Ska'neróhkwa kén:ie kakontsheronnià:ton wa'khní:non tánon iahà:kko kheh tewatkà:wen tekahiatonhserohrará:kon ohsòn:kare tsi na'tetiatenonhsátere tká:ien ohnà:ken tsi tionkwanónhsote Stanley Avenue tsi iohatátie Ohrón:wakon, thò:ne ohsóhkwa wa'kéhrho nohson'karà:ke kakaiónhston. Ó:nen óskare skátstha tánon kanónhskon wa'ttieronnionhá:ton skátne kí:ken thikaténion kakontsheráhrhon kakonhsarónnion. Okà:ra, o'niónhsa, tánon óhsa. Ok thiwatié:sen naieién:tere'ne. Wa'kenòn:we'ne tsi nikontiia'tò:tens sok ionsakatahsónteren. Onkerihwanó:ron'se tsi tekeníhaton sakate'nién:ten aonsakathnekó:kewe, nek tsi tsi niiò:re wa'keweientéhta'ne ne aontake'nikonhrakón:tahkwe, tsi skén:nen thiwake'nikonhrón:nis ne ken' niátiere tsi enkkontsheráhrho oskarà:ke tánon tsi kewennáta'as akewén:na tsi tekenákhons ne tho iokontsheranawèn:ke, kwah tonkweriahsaié:na.

Tewáhsen kaié:ri niiohserá:ke ó:nen shiwakathnekoké:wen... tekhenenonhwerá:tons tho nika'shatstenhserò:tens néne tenionkenenhrakwe'nón:ni nó:nen enkkontsheráhrho. Tekhenenonhwerá:tons ne akhwá:tsire.

Thok ní:kon wátien. Iah othé:nen ó:ia teká:ien: nek ne ken' nikaieron'tò:tens, niwahsohkò:tens, nikarihò:tens, tánon nowén:na ne onekwenhsà:ke entewatkétsko, ienwatià:tenhte ne skennèn:ke, shah thenwá:ton tsi kanonhwétstha, entewa'serón:nenhte tsi watia'tiiónhkhwa. Í:se tsisá:wen ó:nen. Iah tetiorihwaié:ri ne ken' naié:iere. Sewatié:rens eh ní:ioht tsi ní:ioht ne tsi tionthnekahráhkhwa tewaterí:io. Tho ní:tsi katonhnhahní:rats; tho ní:tsi enkatha'taratsón:ko iotohetstáhkwen tsi karonhkwe'nakenhiaténion; ì:'i akwathahinónhtshera í:ken. Ó:nen sewakké:ten ne katokenskéhtshera, kwah iah thaonsakátkahwe tsi niiò:re ienhona'kenhrón:ti nakwehiahrahtsherà:ke.

Tho nón:we tewake'nikonhráta'as tsi kenonión:ni ne atsa'któntie tsi kana'tsheratátie, aktóntie tsi tekana'tkaratátie, ahsén:nen nón:we ne iosken'rharà:'on tsi ionthwistonnia'táhkhwa – tsi nón:we tki'terón:tahkwe tánon tsi nón:we tiótkon shitewákenakte. Eh na'ohahò:ten wakathahitáhkhe néne tiokontáhkwen kataterihwanontón:ni, kehnhonteratiehtà:ne ne iotstistohkwarónnion tsi tkaronhiá:te tánon tsi kahahseró:ton tsi ken'wharatátie. Iohahé:sons wakhonwì:seres tsi ké:saks karón:ware tsi én:katste ne tekaiahsontà:ke akheia'tanén:takte ne akonkwè:ta ionkwe'tí:ios.

Tsi nikakarò:tens ne tsi nón:we tki'teronhón:we nitiawenónhton, watia'tó:ren's tánon wakenentshí:ne ohén:ton ontia'tenhá:wi, nenhniserokónshon.

Nó:nen ia'ténkta'ne ohén:ton ne kaskará:ton, ohsòn:kara, tánon tsi niká:ien kaneniahserón:ni kkontsheráhrhos, enkáttoke ne onekwénhsa awehiahráhtshera enwatkwe'tarón:ko kaio'tenhserà:ke, tsi niwahsohkò:tens, tánon thí:ken orihwakaionhnéha teiontate'shatstenhserá:wis — thí:ken watewentéhton, tha'tewate'nikonhratotá:ton, ka'nikonhraksèn:'en, tánon wahskané:kon. Kahsótshera tiakò:nonks ne kaio'ténhsera ne aonsahonehiahráhkwen tsi shé:kon ken' ítewes, tiónhnhe.

Atónhnhets iekhè:nonks. Wa'tionkenenhrakwe'nón:ni ne akhsótshera, wa'tewathnekakháhsi kana'tsherá:kon ákte' niahà:tkene, tánon kowá:nen wa'thontenerahontshá:kwarihte nakhwá:tsire tsi wa'tiontia'kwahrhié:na. Ià:ia'k niiohserahsenhserá:ke ontóhetste tsi í:non ítke'skwe, skenen'shòn:'a tonkwatotahsiennihátie ne Kahnawà:ke Kanien'kehá:ka Kanakeráhsera.

Tsi nika’shátste tsi nikahská:neks akón:ni nahò:ten ne iah tho tekaién:tahkwe thetèn:re, kwah nè:’e tewatia’tateníhons tsi tewakewerata:ses, tewakhniotákwas tánon iewakitskotakwáhtha, tánon wakeserenhtó:ris nahsonthèn:ne, thiwatié:ron tánon nè:’e karihón:nis tsi katatennowénhtha. Tsi niwakahsohkò:tens, tsi niwatieron’tò:tens, tsi niwakeserenhtò:tens, tánon akwé:kon tsi nikawén:nake atio’tenhserá:kon kéta’as kwah kahswathéhtshera tenwatáwe’este tsi na’tetewakonhnhà:karahs.

Ronónha raotirihwà:ke kkontsheráhrhos ne niká:ien ronatia’tahtòn:’on ratiksa’okòn:’a tsi nonkwá:ti ne kheh tewatkà:wen tehonwatikhahsiónkwen tsi thonterihwaienstáhkhwa thatiia’tatárion. Ronónha raotirihwà:ke kkontsheráhrhos tsi niwatere’será:ke nakhwá:tsire wahotiió’ten karistà:ke, tsi wa’thatironhióia’ke tsi wahatinonhsakétsko ne A’nó:wara Tsi Kawè:note. Akhwá:tsire raotirihwà:ke kkontsheráhrhos, tsi niká:ien wahontewén:tehte tsi ronnónhne raonatekhwahra’tsherákta tsi ia’thontehrháwe’este wahonterí:io wa’thatihnió:ten ne Korahró:non Ronterí:ios shonteriiohserahtén:ti Oka 1991 shiiohserò:ten. Ake’nisténha akorihwà:ke kkontsheráhrhos, nó:nen ià:ia’k sha’teiakaohseriià:kon, eh shos tionterihwaiénstha tsi niwenhníseres ne tehonwatikhahsiónkwen tsi thonterihwaienstáhkhwa. Iontaterihonnién:ni shos eniontathró:ri, thia’tewenhniserá:ke, skátne tehatí:ta’n ne ronátia’ke Kanien’kehá:ka ratiksa’okòn:’a ne tsi tionteweienstáhkhwa thón:nes tánon kwah tehontátken, kwah tokèn:’en tehontatkà:nerak, nè:tsi ronónha nen’ nè:’e nohna’kénkha Onkwehón:we nonwén:ton ensehshakotí:ken ne ken’ ionhontsá:te. Kwah taiakéhtahkwe nake’nisténha tsi akáonha nen’ nè:’e nohna’kénhkha Onkwehón:we. Sha’té:kon niwáhsen shiahà:’onwe, wa’onkkaratón:ha’se kí:ken, ronwaièn:’a, tánon kheien’okòn:’a, ronwanatere’okòn:’a, tánon tehniiáhse kheiatere’okòn:’a, teiotere’será:ne ronwanatere’okòn:’a — kaié:ri niwatere’será:ke ne Kanien’kéhá:ka. Iah ohna’kénhkha Onkwehón:we tésken nakáonha. Tsakotonhnhahnirá:ton. Akáonha iakorihón:ni, tetsonktáhston eh tiontia’tinekénhton ne ken’ kanakerahserá:te tioteron’onhtahtsheráksen. Kkontsheráhrhos nakè:neste tsi shé:kon ken’ iákwes. Kkontsheráhrhos nè:tsi Koráhne wahonte’nién:ten ia’tahshakotíhsa’ahte akwé:kon tsi nihá:ti Onkwehón:we, kwah nè:’e naonhà:’a tkarihwáksen tánon tióhsenht ne nonwén:ton niiawèn:’en ne ken’ ionhontsá:te, tánon shé:kon shonatahsonterátie nòn:wa. Kwah tiokontáhkwen kkontsheráhrhos.

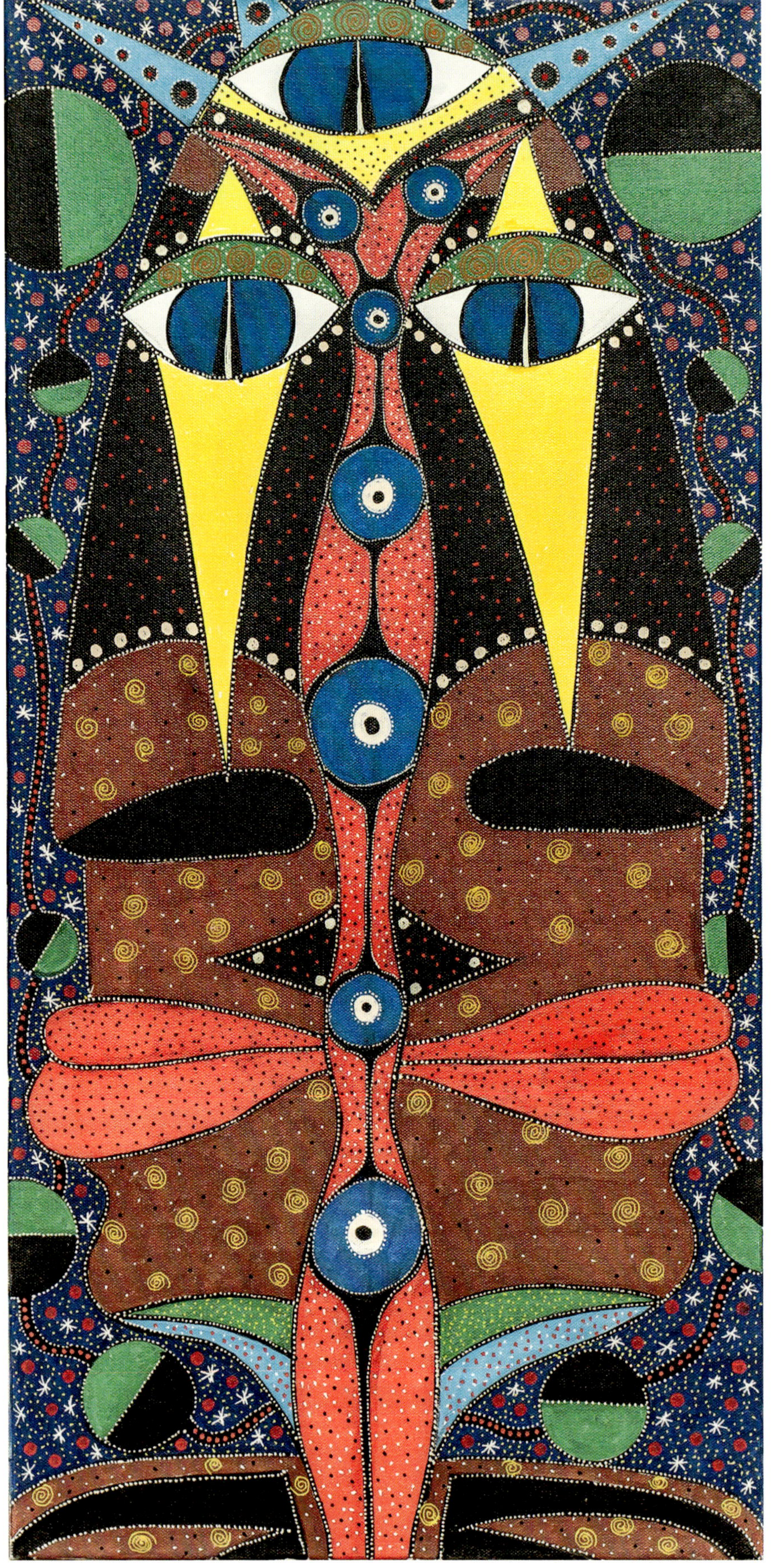

Shaman | Rotia'tátkon, 2022
76.2 × 58.42 cm
oil on canvas | kén:ie kaskaratòn:ke iá:ore
Private collection | Karihwahséhton watkennisa'áhton (Bob Hatcher)

Tom Wilson Tehoháhake with | skátne
Mark Pflieger
Worship | Serihwakwénienst, 2022
45.72 × 25.4 × 12.7 cm
oil on 1/4 hot rolled mild plate steel | kén:ie karistà:ke iohonro'tataríhen énska tekaià:kon ne tsotsiweiónhkara iá:ore
Private collection | Karihwahséhton watkennisa'áhton (Bob Hatcher)

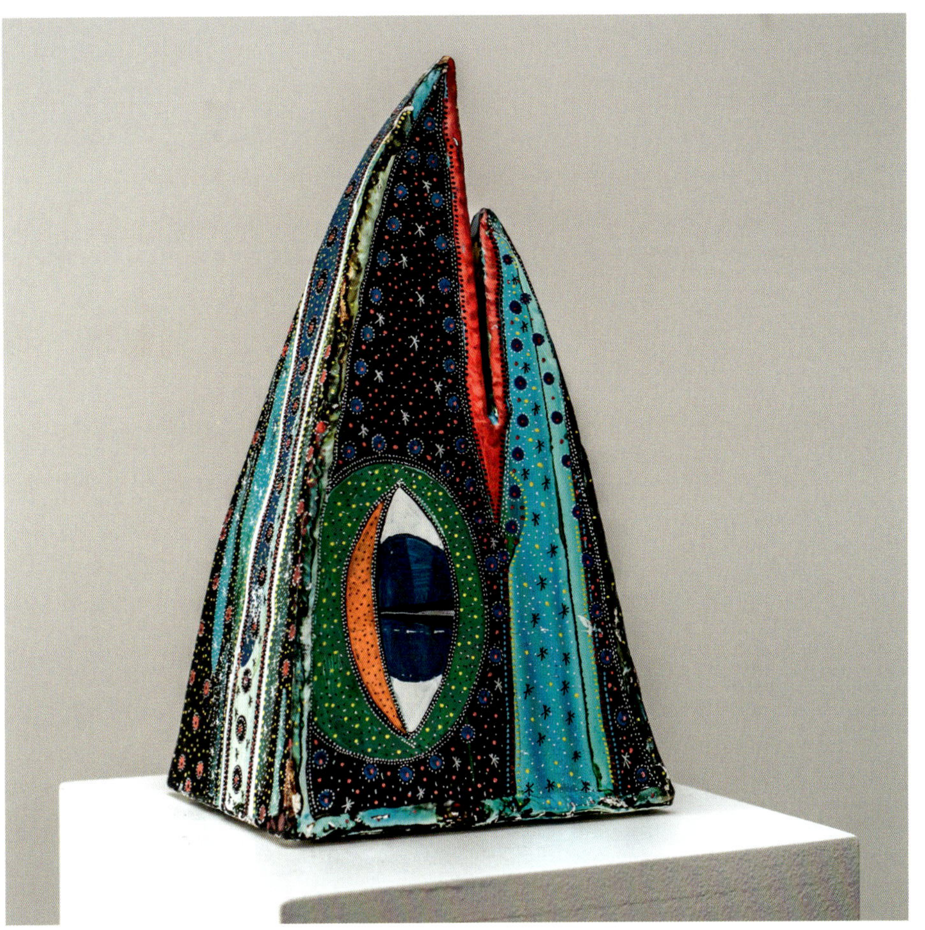

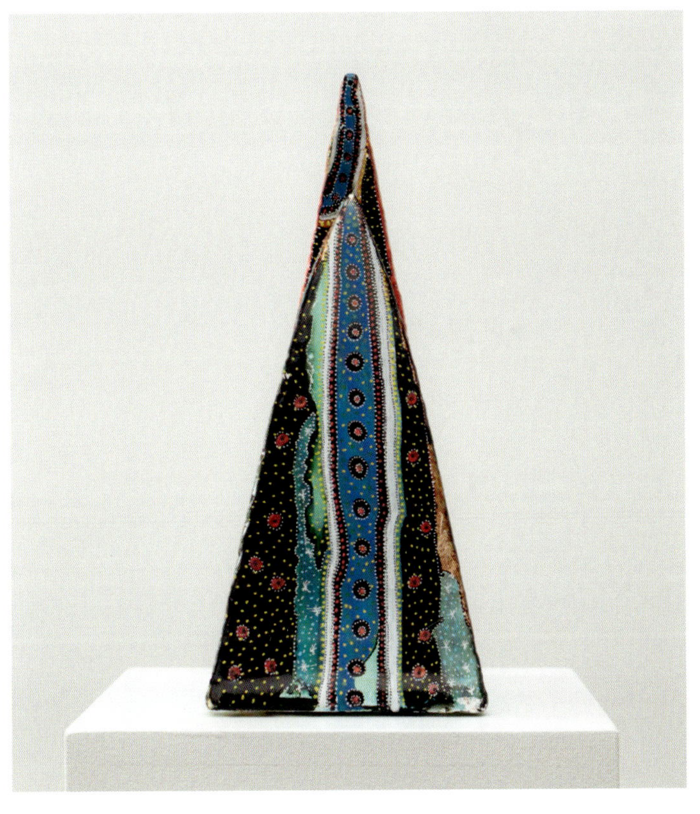

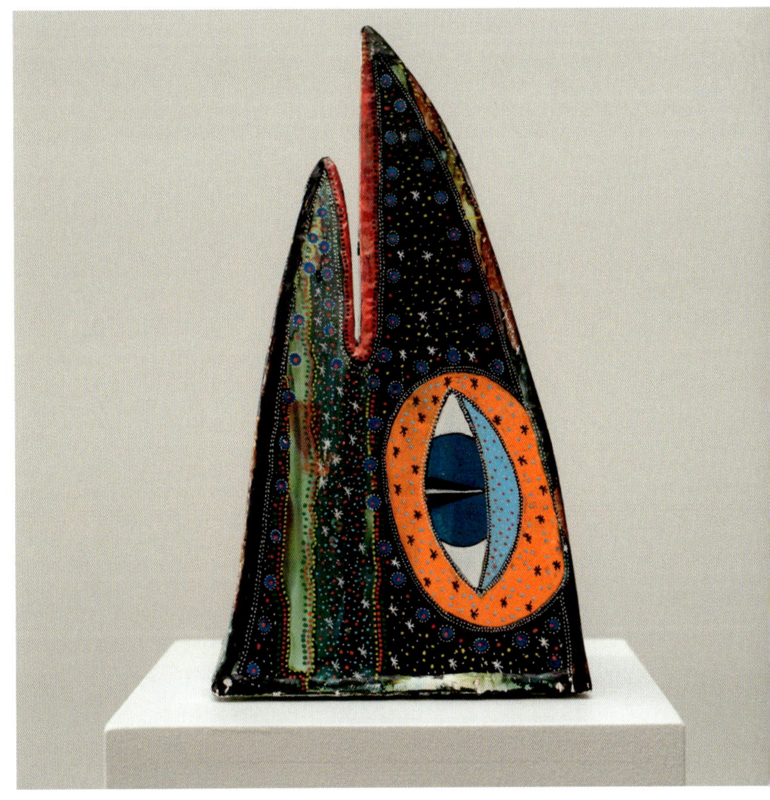

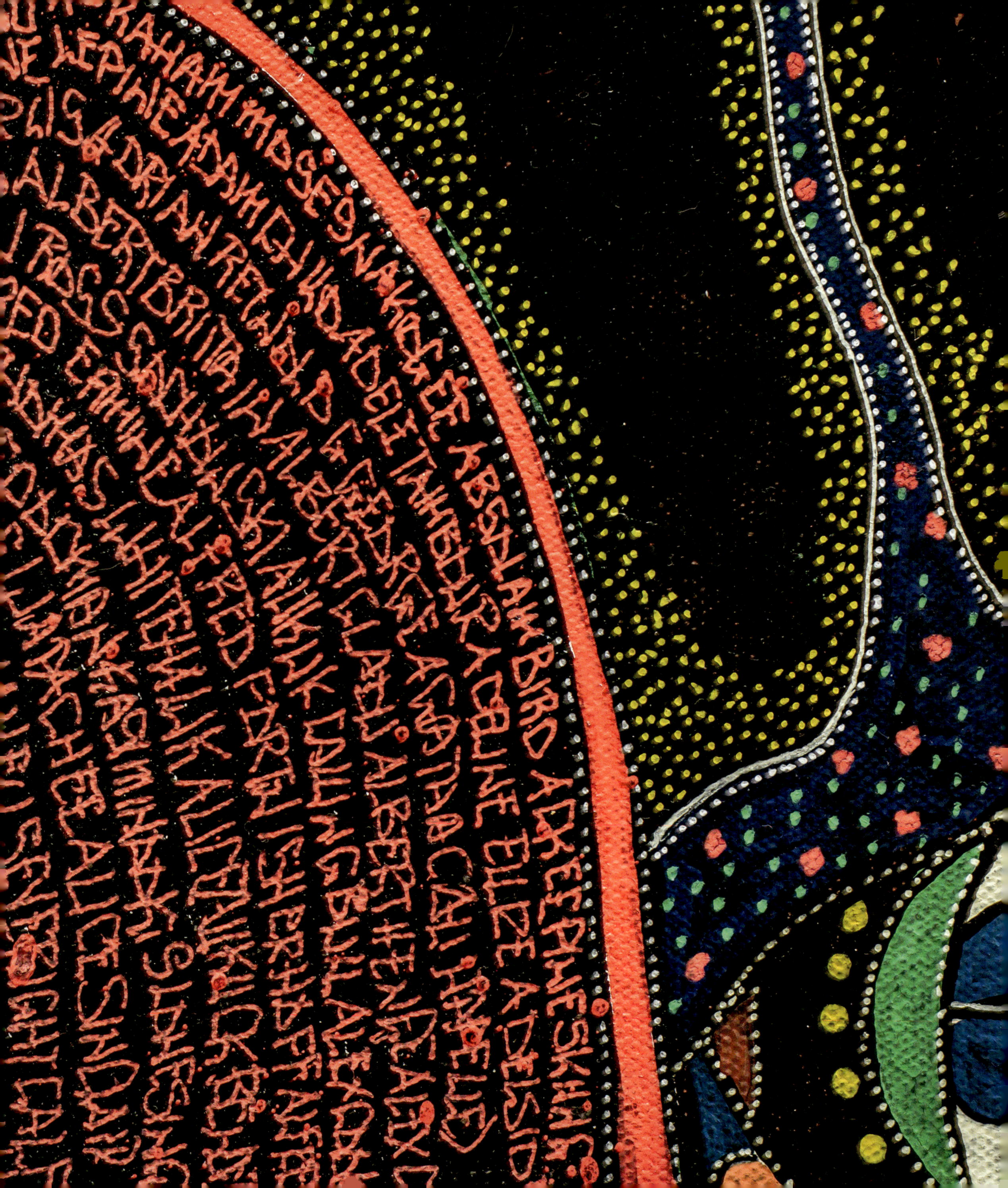

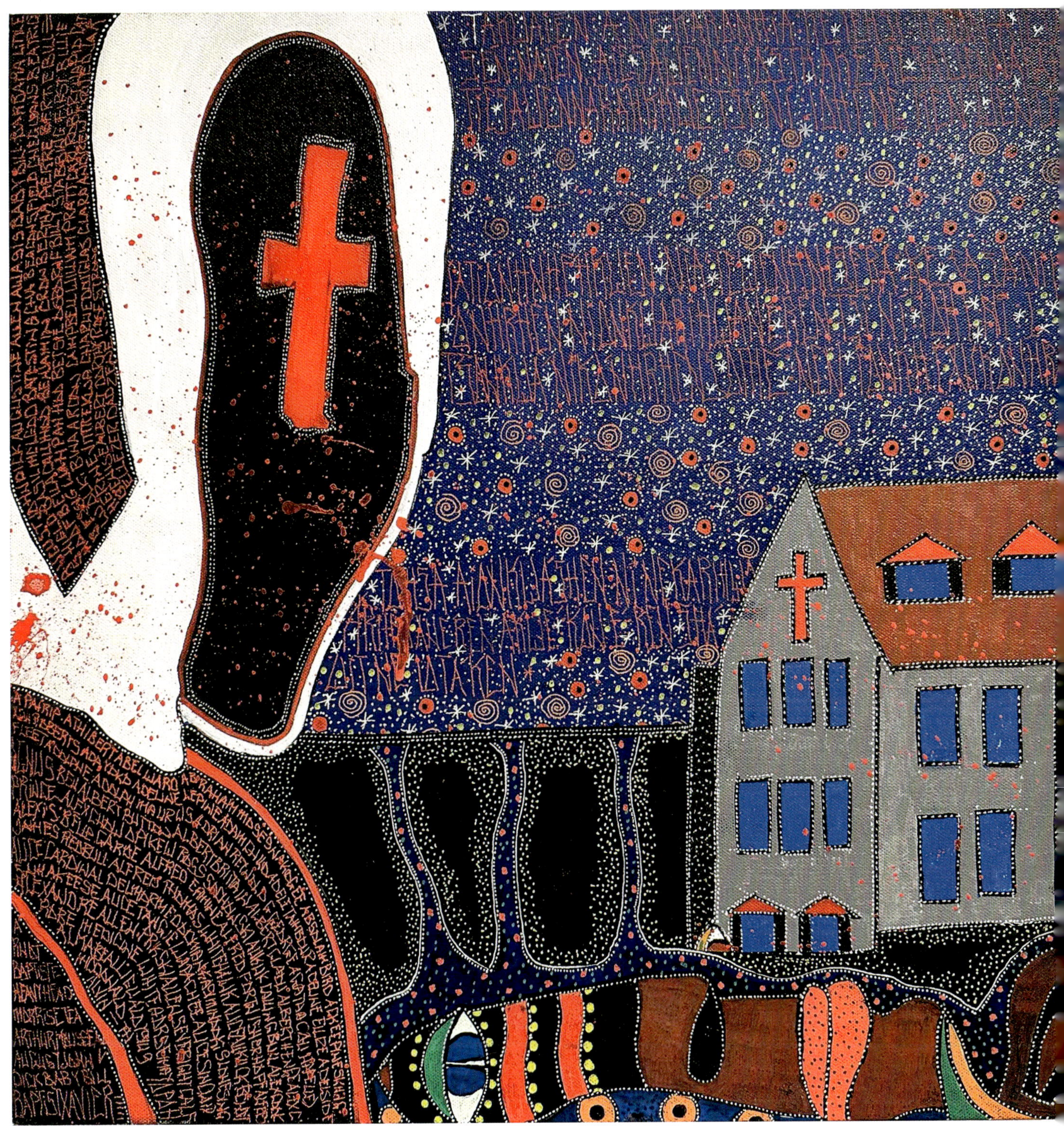

Seeds | Ká:nen, 2021
50.8 × 50.8 cm
oil on canvas | kén:ie kaskaratòn:ke iá:ore
Private collection | Karihwahséhton watkennisa'áhton (Bob Hatcher)

Shapeshifter | Tehatia'taténies, 2018
121.92 × 182.88 cm
oil on board | kén:ie ohson'karà:ke iá:ore
Collection of Sony Music Publishing |
Sony Music Publishing watkennisa'áhton
(José Crespo)

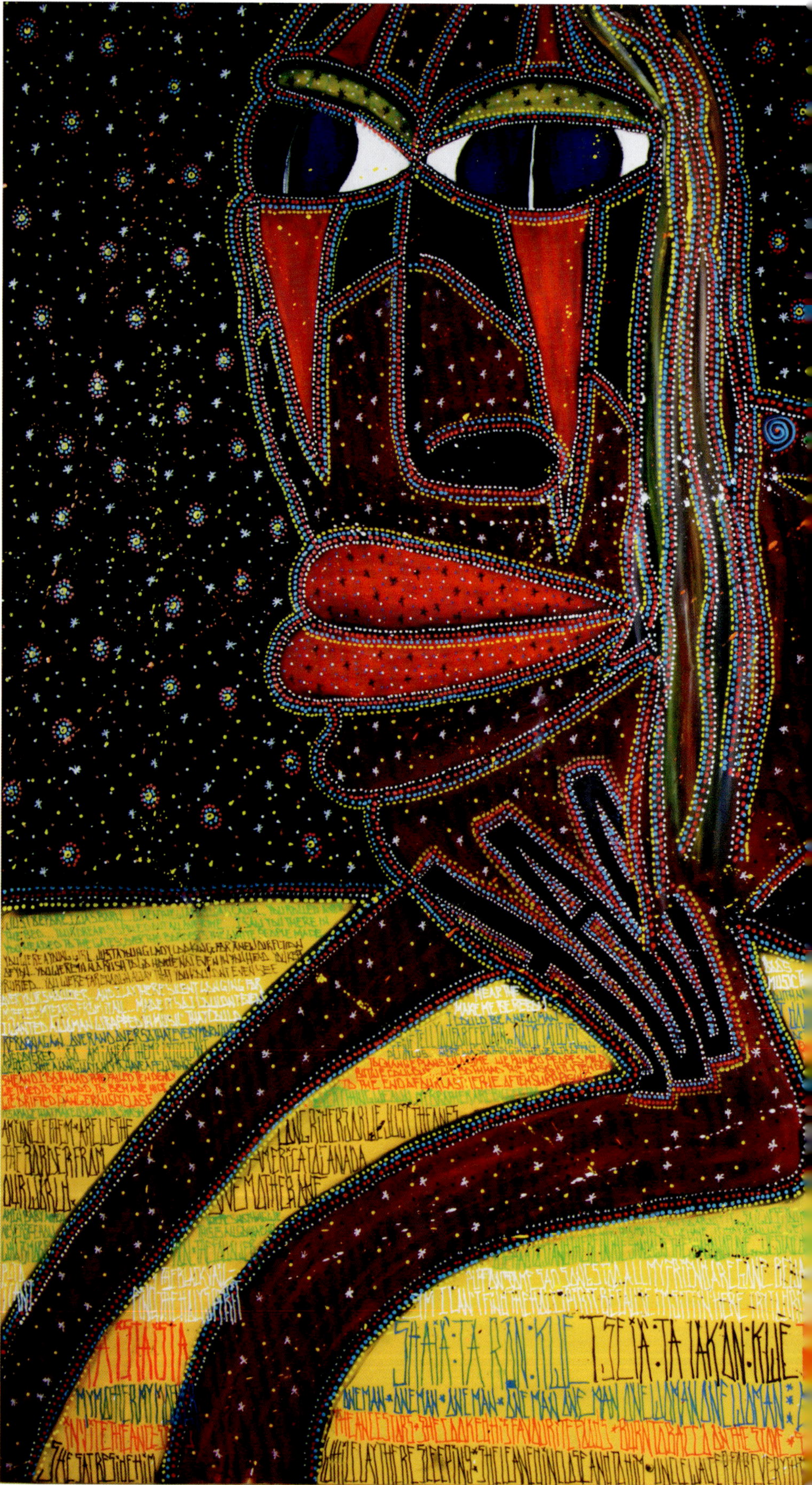

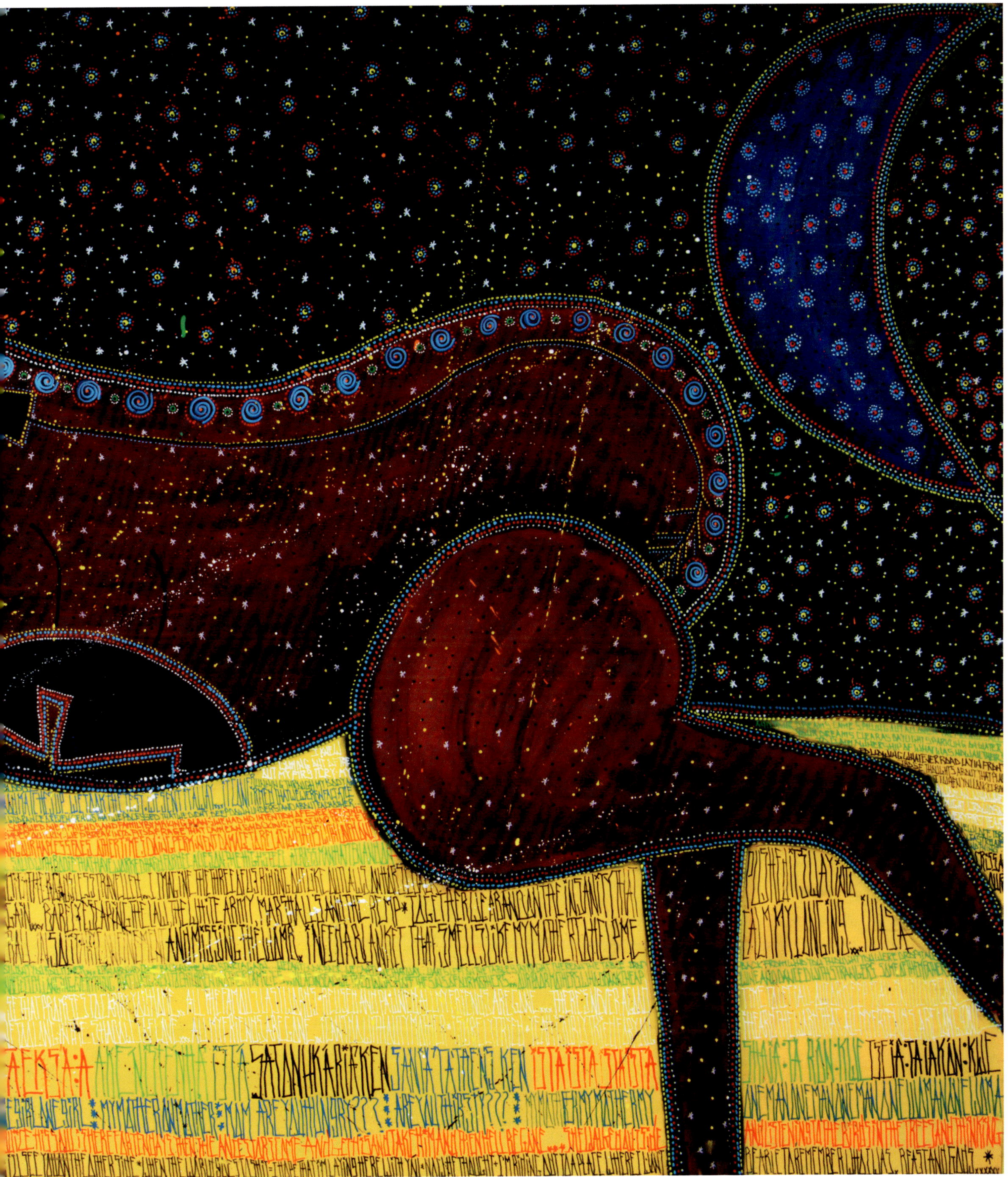

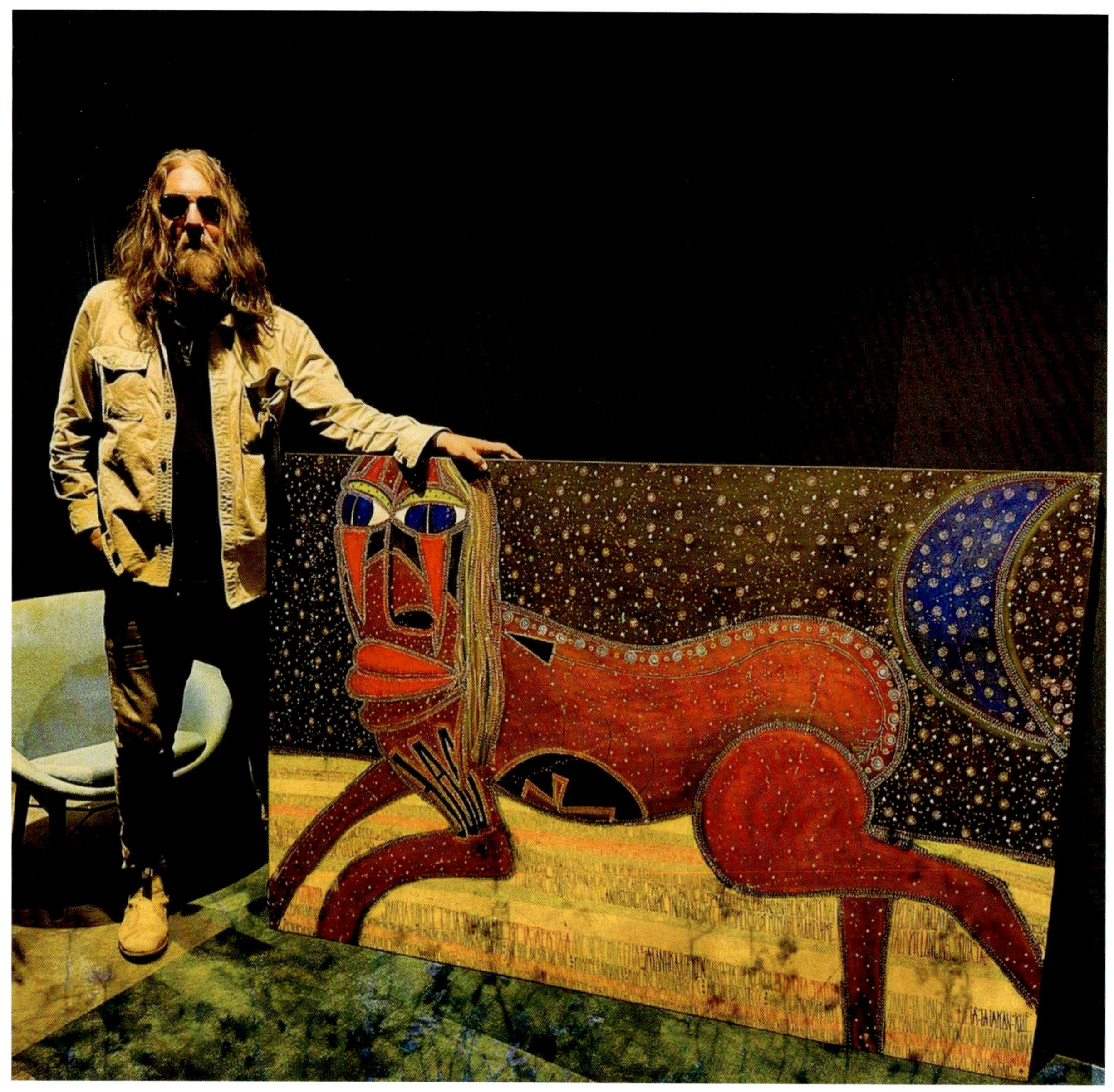

(Gary Furniss)

“I AM A MOHAWK WHEN I PAINT”

An Interview with TOM WILSON TEHOHÁHAKE by RYAN McMAHON

Hamilton, Ontario, April 24, 2021

Ryan McMahon: Okay. Let’s start by you introducing yourself, however you usually do.

Tom Wilson Tehoháhake: Well, hey, I’m Tom Wilson Tehoháhake. Let’s call me a modern Mohawk artist. Less adventurous, more of a searcher.

RM: We’re here to have a conversation about your recent body of work, *Mohawk Warriors, Hunters & Chiefs*. Tell me about that title.

TWT: I had to spell out for people what I was doing, and so I had to make it specific. This is me basically fumbling in the dark with my own identity, so I had to make it very specific, so people would understand that I’m representing writings and stories from the Kahnawake reserve.

RM: And that’s what this work is?

TWT: It was meant to represent the journey from Hamilton to Kahnawake and making that connection and those miles between the two places. The miles, the physical miles, were one thing. But the connections that I had through my dreams and through pieces of information that I would put together from hearing conversations around my kitchen table when I was young were all things that I tried to bring into the art. And even if I didn’t attempt to deliberately bring them into the art, they all went in. Everything kind of got onto those canvases and into the diorama that we built, onto the guitars that I painted. They were stories that I’ve been waiting to tell for a long time.

RM: The necessity to spell this out for people, does that come from feeling the need to explain it? Because you are better known for your music. Were you trying to say like, “Hey, pay attention to this because this is something a little bit different.” Did you feel that pressure?

TWT: No, I didn’t feel any pressure to do that. I’ve been working in the arts long enough and I don’t see any borders between my writing, my music, my art. The place that I’m living in is where words, colours, melodies, and shapes all make sense to me, and they all speak for me.

RM: So, when those words, those shapes, and those colours start to show themselves, and they start to manifest in ideas, how do you decide that you’ve landed in the right medium with those ideas? Or are these shapes and colours finding themselves into all of the mediums that you work in? Or when you lock in on something, do you say, “That’s a painting” or “That’s a song”?

TWT: Okay, there’s two different ways for me to go at this. There’s the way that you sit in a chair and stare at a canvas or at a blank page or a blank computer screen, trying to wrestle the energy and the elements into place. And then there is just the free-fall. I mean, when you're staring at a blank canvas, you're living in the physical world. You're letting your energy shape what goes onto the canvas and basically make it up as you go along. And then you're in a more spiritual place, and it's where you want to be. You want to separate yourself from the everyday physical world. You're creating an experience for somebody that you can't define yourself. I'm creating something that relies on someone's interpretation, on how it resonates with someone. And, you know, some people are in awe of my work, and some people just walk away thinking that it looks like a child did it. Which, in a way, is what it's supposed to be. Simple shapes, simple colours, and recognizable images that people can see from a distance or that a child can look at and tell you what it is. But as you get closer, as you actually give it a chance, then you can see that there's a lot more going on. There's a whole story going on in there. And that's how I feel about myself.

I started painting around 1997, '98. I started painting because I was trying to stop drinking, and I thought I would do something productive, and painting was something I always liked doing but never really did seriously. And it put me into a place that made sense. And the paintings started to evolve stylistically. So, I was about ten years into painting when my daughter said to me, "You have to stop painting this stuff, Dad. It's cultural appropriation." And at the time, being a knucklehead, I said, "What the fuck is that? What are you talking about?" She explained, "It's when you take pieces of someone else's culture, when you take characteristics, elements of someone's culture, and use it for your own means, and for your own gain." And I said, "This is just what I paint." Right. And then, ten years later, I found out that I am actually Indigenous. So, it turns out that this way of painting comes to me naturally; the mystical, magical world of blood memory.

RM: The paintings have text embedded in them. What came first for you as you were developing the work? Was it the text or the visual representation? Or do they come together at the same time? The reason I'm asking is because I think it's really interesting that you say that at a distance you see this large-scale image of a face but when you get up close to it, you notice the text. Do you expect people to sit and read all of the paintings?

TWT: No, it would be frustrating and make you crazy to do that. It's not really meant to be legible. What came first? It's like the age-old question about writing music: what came first, the melody or the lyrics? The shapes were there first, and then the colour, but they're huge surfaces and there was a lot of space. First, I wanted to add texture to the spaces, and I did in some of the early paintings, but then I realized that I have other things I want to say, so I thought that writing text into the surface would be an interesting thing to do, adding written texture. Most of the work has writing in it. It's actually the key to the paintings for me. It's the generator or the wheel that keeps bringing me back, keeps turning for me. Often what happens is, I'll open my computer to something I've recently written, and I'll look at that. Then I'll look at the painting, and I'll start writing into the painting. And then that triggers a stream of consciousness or a point of inspiration. To me, the writing and the visual art — the muse — it's all just one world. To me, it all feeds one another.

RM: It's interesting, this idea of cultural appropriation because you're walking into this place where you're like, "This is what I see. This is how I represent it," which is really interesting because it's unconsciously a part of who you are, of how you represent yourself. In what ways since then has that evolved for you in your visual art? How has the conceptual framework for your art changed since those early days when you first started?

TWT: It's way more part of the fabric of my being now. The art, the music, the writing becomes part of your being. It's just you and your idea and that's where you want it to be. And I have graduated from having a bunch of canvases and paint lying all over the house to having a proper studio that I go to. And when I go there, I'm there to paint and it's not an effort to start painting.

RM: That's interesting. So that becomes the journey, a journey, perhaps, of self-discovery. But I think self-discovery can also be a passive exercise, where it's like we just, through time, decide that we've come to grips with this piece of our life, and we accept it. But human beings are constantly evolving and changing, and our brains, our hearts, our spirits, everything kind of evolves and shifts. So how much deeper do you have left to go on that journey?

TWT: 'Til they're throwing dirt on my grave. That's how long the journey has to be. Being an artist, you never reach the station. You're always out on the tracks, out there in the wilderness. You've always got to keep your train out there on the cold tundra in order to achieve what you want.

RM: So, what was the show at the Art Gallery of Burlington for you? Was it you stepping further into the darkness? Because once you show the work, is it like, "oh, shit," now I have to make more work. Is that a necessary step?

TWT: To make more work?

RM: Well, no. Is it necessary to step right back into the darkness, back into the unknown? Back to the darkness where it's like, blank canvases?

TWT: For me that's like putting out a book or making a record. It's just more of a kind of benchmark along the journey.

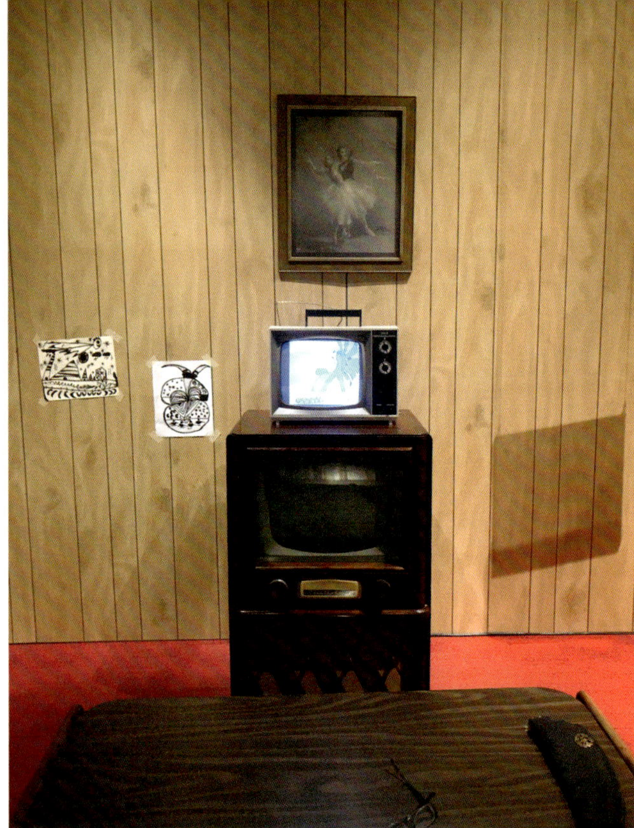

Beautiful Scars: Mohawk Warriors, Hunters & Chiefs — The Art of Tom Wilson, Art Gallery of Burlington, 2018. (Art Gallery of Burlington)

RM: It sounds like you understand that journey very well, and that this idea of arriving because you have this show, that's not the destination, it's just part of the journey. So, what comes next? What kinds of questions are left?

TWT: I was speaking about one journey in that show, and that was the journey back to a place that I always dreamt about. I've been dreaming myself back to Kahnawake since I was a kid, a recurring dream that comes at me when I least expect it. It's a dream that's crawled across my floor and onto my bed reminding me that my instincts are correct, and the blood memory runs true through me, telling me that I was not on the land I was born to be. I instinctively knew where I was in the dream, standing on the north shore of the St. Lawrence Seaway, staring across the blackness of the river to the south shore. I felt that I was staring across at my home, my true home and, like real life, I had no way to get there. Home. I just had that aching pain and desire inside my guts and the urgency to get there. In my dreams, I was safe, surrounded by the ghosts of my ancestors. In my dreams, I was free. In my dreams, I was exactly where I always was supposed to be. Now, I take those colours and those shapes and welcome myself back home through blood memory and desire, and I paint with the intent of bringing honour and light to the Mohawk people of Kahnawake and myself.

So, I feel that I've been going home my entire life. The exhibition somehow represented my actual physical going home. Let's call it my first contact with my own relatives and, you know, just scratching the surface of my culture. So, what the show represents, it's just a little bit of scratching. It took me fifty-three years to find out I was a Mohawk, so I might as well take my time. I can't expect all the answers. I'd be a fool to think that all the answers are going to come to me. That's not how it works. It's a real inside job, the art I'm creating. It's work on myself. It's my own. It's just trying to figure out or come to terms with my own identity. Diligently going after these images, I have an idea where I want to go and what I want to represent, but it's always going to have these faces on it. This is a necessity. All these paintings, all this stuff I'm doing, this is a necessity. This is why I wake up.

RM: You used the word "spirit" earlier. And then you were talking about how in the work you get to this spiritual place, the spiritual centre, where the work just flows out of you into the medium that you're working with. How much of that spirit can we control? Or is that something that we find ourselves dropping into?

TWT: Well, that has to do with just, you know, remembering what that great thought was, which is probably why you travel with a tape recorder or with a writing book because you lose your thoughts so quickly. You can't really challenge the spirit. It isn't there to be controlled or wrangled or chained down or put into a place that's comfortable for you. The spirit is not there to serve you. It's not like you can go find the spirit, find a good idea, toss it into the trunk, bring it home, and set it up. I believe it reveals itself when it's ready to, not before.

RM: There's a quote of yours I have here: "Painting is the meditation. The place I go to find and reinvent myself. Where I touch the hands of my ancestors. I am a Mohawk when I paint." Talk about that quote.

TWT: Well, at least there's nothing about that quote that makes me cringe. Ha, ha! So that's good because sometimes I just say shit. No, that one is so true. It saves me from, you know, dressing up with feathers and paint on my face. It's saying that I am actually ready to receive the spirit; that I'm offering myself up to something greater. But it's not religion, it's actually my own identity that I'm offering myself up to; my own journey and my commitment to that journey.

RM: So, when you paint, you're a Mohawk. Is there a space you imagine where you can feel that without painting?

TWT: No, not yet. Everything else seems like I'm faking. The isolation of the creative process does allow you to become the true you. For that, though, for those moments when you step outside of that, you lose that. You see my brothers, they don't have these same questions. I have no connection to going out in the woods and going on the hunt or going fishing. I don't have any of that. So just like everything else in my life, I have to make it up as I go along, and I found a place that makes me feel whole, where I don't question my identity.

RM: This conversation you're having with yourself as a Mohawk man; are these paintings comfortable for you or are they uncomfortable? Because the paintings are the representation of spirits and your feelings, and where you are. How comfortable is that for you when you look at these paintings?

TWT: Oh, I'm very comfortable with these because I know that they don't come along with me having to explain what they are. You know, if someone was to translate everything that's in this painting literally, it might be a little embarrassing because it's all stream of consciousness. I start off with something.

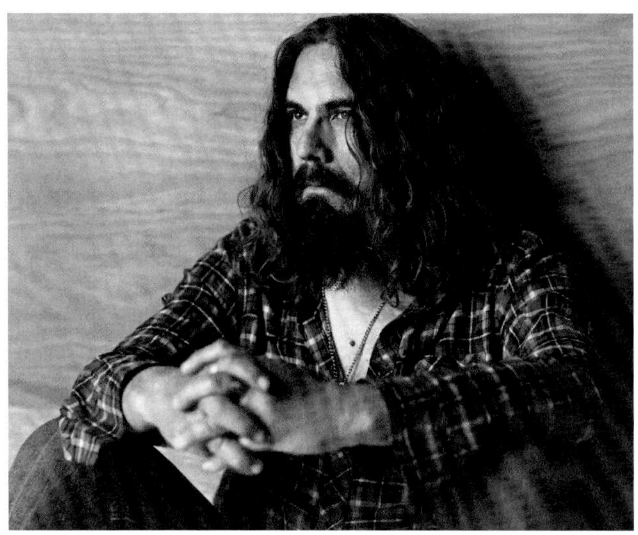

(Jenn Squire)

It starts off from one place and goes to another, and how can you be apologetic for the Holy Spirit running through you, through your hand? And also, it's just one moment, right? It's not telling the whole story. See, the thing about art is that it's not a fucking drive-through.

RM: My work is, I talk and then it's gone into the ether forever unless we record. But these paintings are permanent representations. So, I guess I'm wondering about how you feel about work from a couple of years ago when you look back?

TWT: The work evolves. It came about with all honesty but it doesn't, you know, come around to pat you on the head. It's often there to kick you hard in the ass. And it represents where I was in that journey, in that journey home.

RM: That journey, that exhibition, came around the time where I think your book, *Beautiful Scars* came out.

TWT: The book came out I guess around the same time. Right. And I also did the symphonic show at the opening in Burlington too.

RM: So, the book comes out, and the show comes out. How intense was that for you? Like, "Here's everything all at once. Here's what I'm doing."

TWT: Maybe I'm still naive. Maybe I'm still young. I've only been painting for twenty, twenty-three years so I'm pretty young at it, as far as I'm concerned, compared to writing and playing music, which I've been doing for forty-seven years.

In my life, and only in the last five years, I started to turn away from business and really concentrate on waking up and creating because my job is to become an artist. The rewards aren't in the money or in any kind of fame. You know, the rewards are that you get to wake up tomorrow, and you get to do it again, and you get to try and create something that wasn't there yesterday. Money is money, it comes and it goes, and it's always going to come and go. And as an artist, sometimes you're going to have some, and then sometimes you're going to be out there looking for it. That doesn't matter. I get to wake up tomorrow. I get to paint.

RM: I want to bring up the evolution of the work. Like the guitars. I really see the beadwork influence in the guitars. It's stunningly beautiful work. Do you think the beadwork thing is an evolution of your work? It seems like a bit of a different aesthetic, like a deepening and a broadening.

TTWT: It certainly is but I've only really recognized it in the last six months to a year, let's say. And I've only started to broaden the amount of detail in my work. So, yeah, things have been nudged along. So, the evolution is there but it's taken twenty-three years to get to this point. Do I have another twenty-three years on the planet? I hope I do.

RM: So, I wanted to talk about a couple of specific things to finish, and the living room diorama is something I am really interested in.

TWT: Well, first of all, it was my daughter Madeline's idea. And luckily, I had people working with me at the Art Gallery of Burlington that could help me understand how that would be put together. They literally built a room for me. It was part of that journey. It was an essential part of the show because the art is the product of everything that came out of that living room. So, in that living room, you know, it's a little rundown, a little bit on the poor side of the line and closed off. But all those elements, all those things that hung so heavy in my childhood — George Wilson, the man who raised me as my father, his Air Force uniform and his medals, and him being blinded in the Second World War — not only knowing that he was blinded fighting for Canada, he also put his life on the line to make my life better. That was in play all the time. Bonnie Wilson left the Catholic Church, but the guilt remained in that living room, man. There was something else beyond that, too, so in Burlington we hung a giant turtle shell from the ceiling. And I put a picture of my great-grandfather, Peter Lazare, in full ceremonial dress, delivering a Sacred Pipe to Parliament Hill (pp. 22, 81). I put the unknown parts of my identity into the exhibition, into the physical world; what I really had to live with, and I wanted both aspects represented. These faces that I've been painting, the blood memory, the things that live in us despite our surroundings, our environment, the things that our ancestors bring to us now — all those things — I wanted that represented in that room. So, there was that dream. It all comes back to that dream of me getting across the river, which is like a monumental dream. I don't take that dream for granted. But now that I can reflect on it, I can see that I had Mohawk representation right in front of me the whole time.

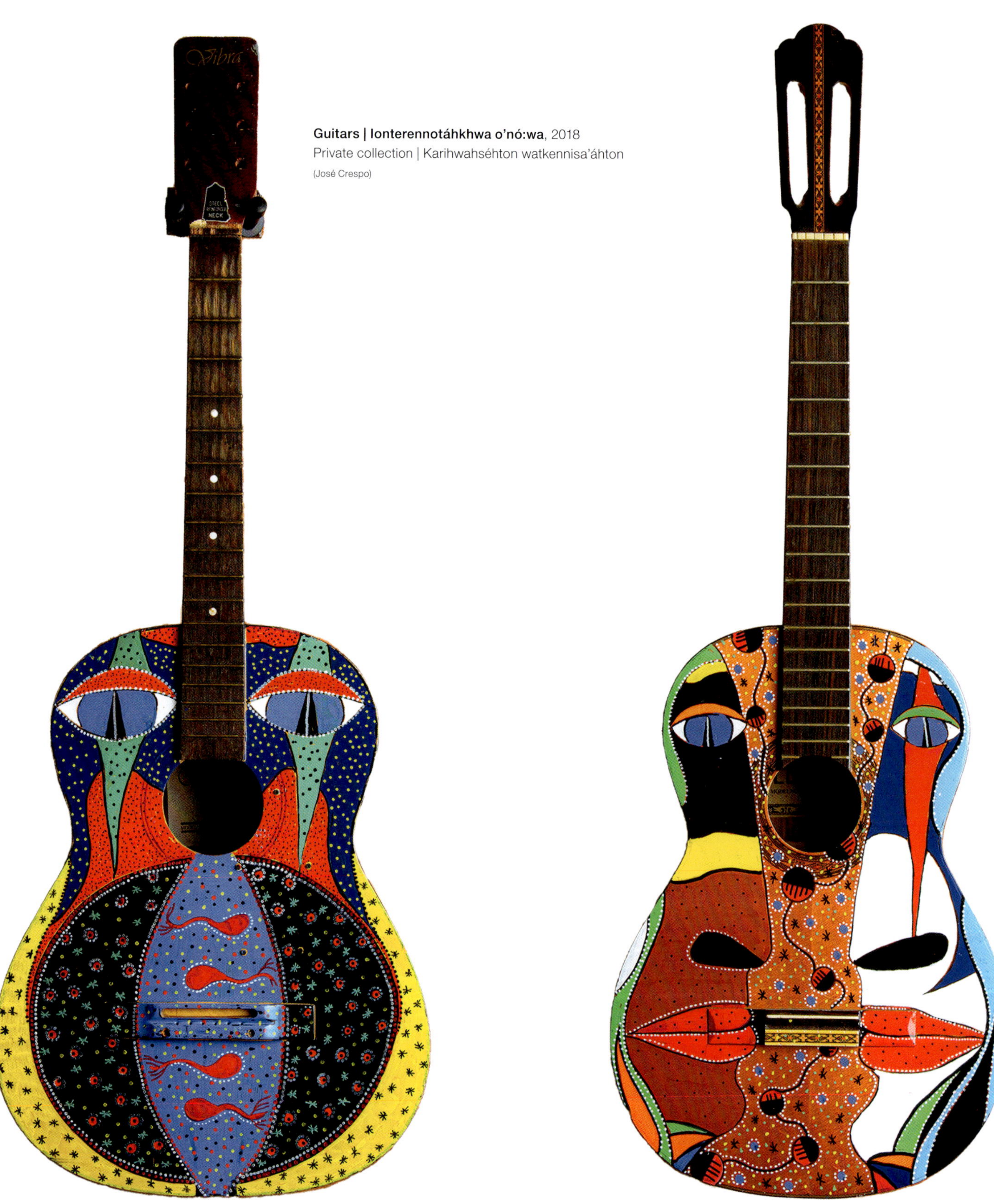

Guitars | Ionterennotáhkhwa o'nó:wa, 2018
Private collection | Karihwahséhton watkennisa'áhton
(José Crespo)

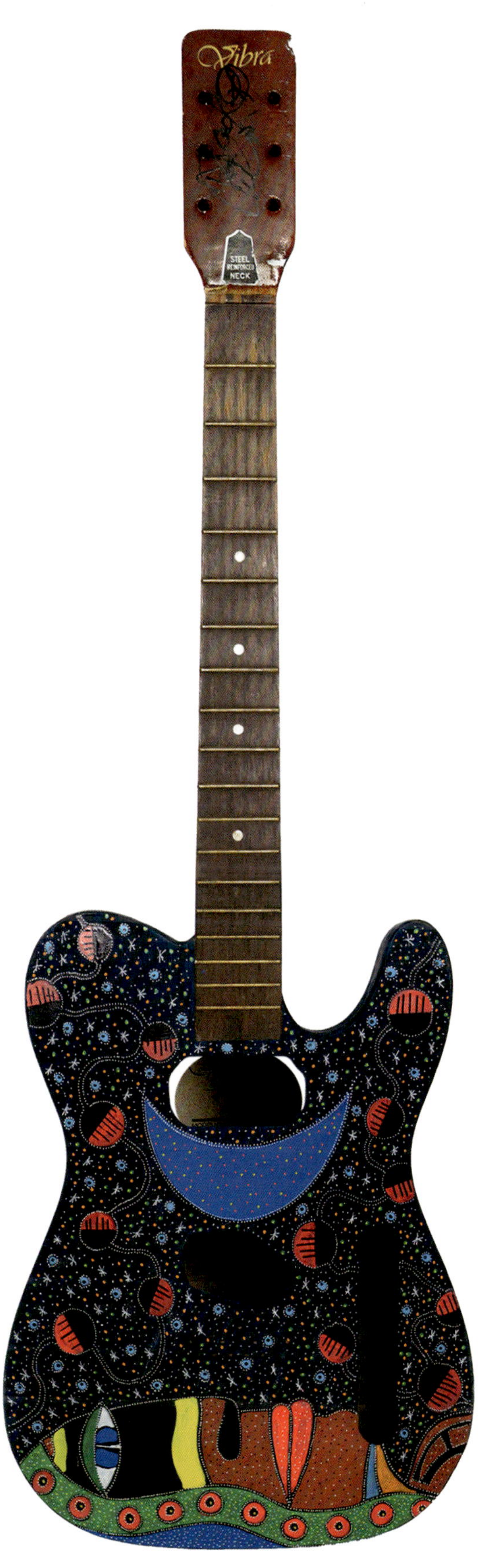
Vibra
STEEL
REINFORCED
NECK

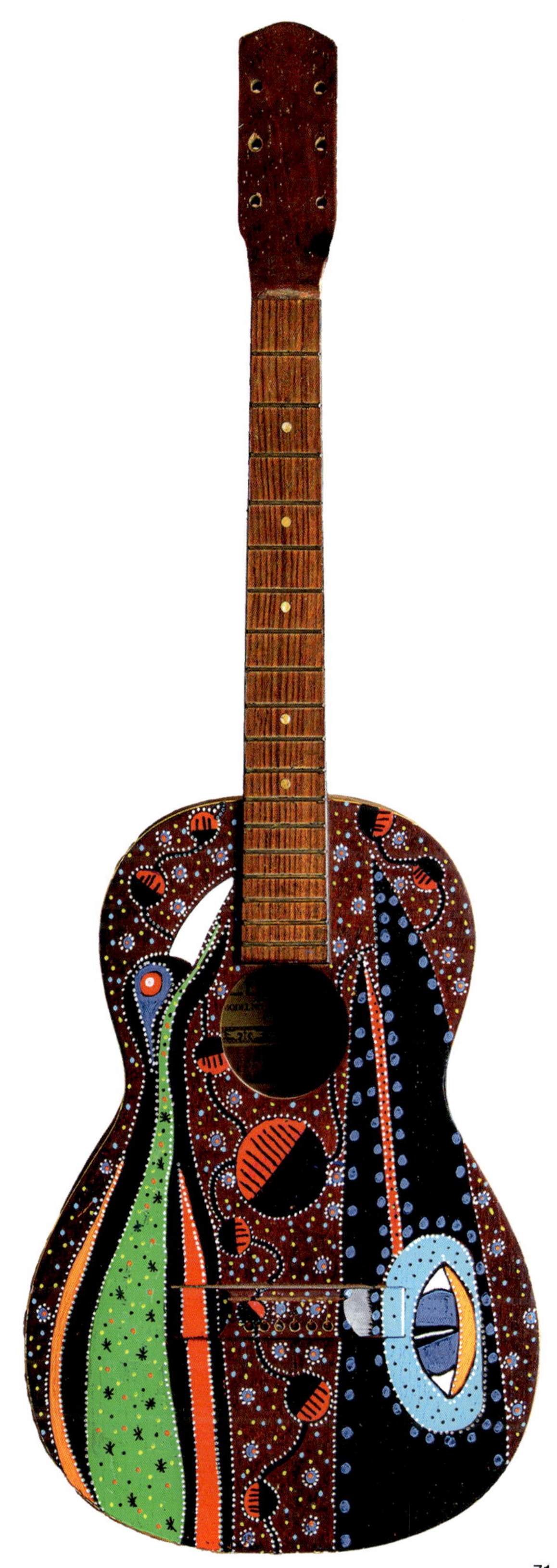

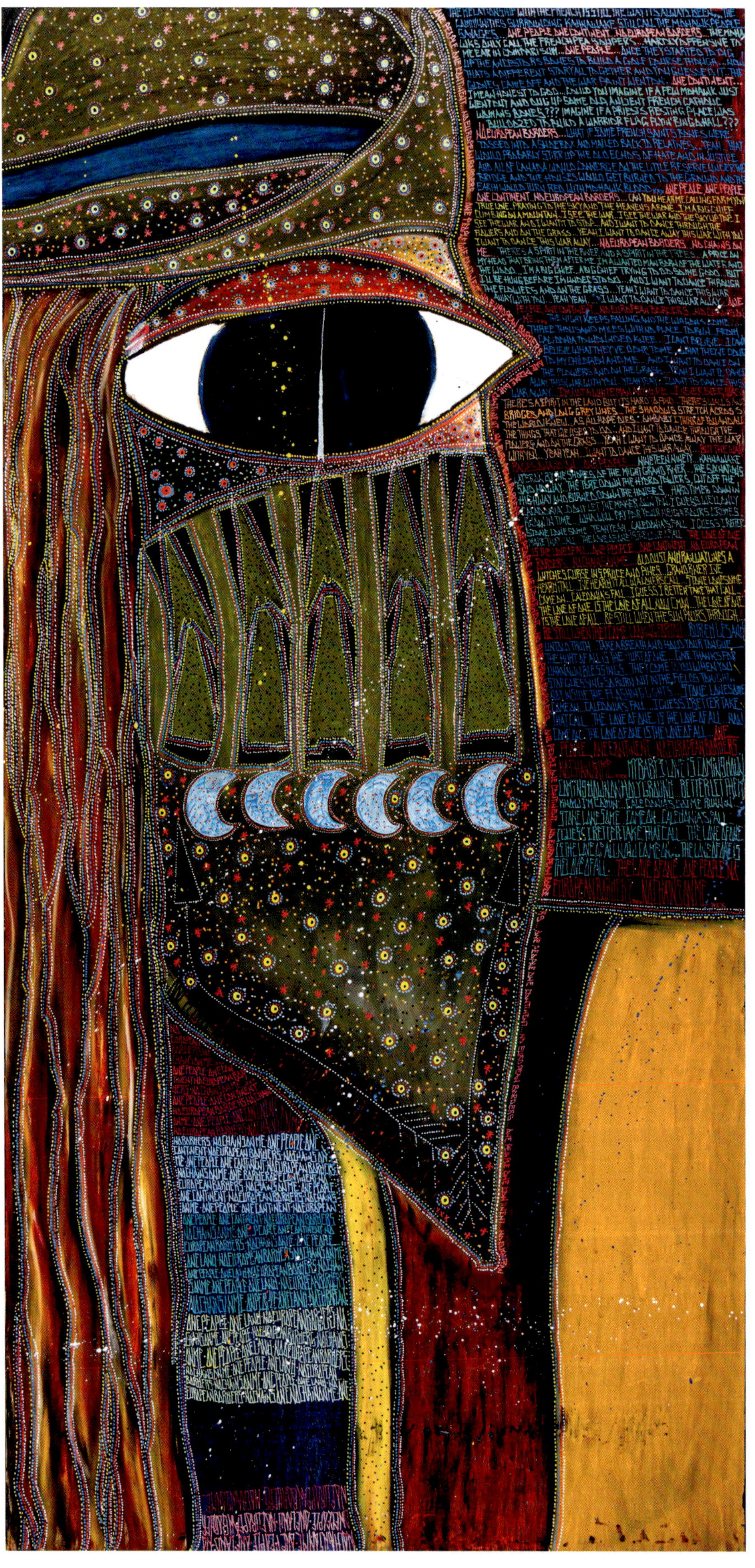

Oka (Big Chief) | Oka (Rahsennowá:nen), 2018
243.84 × 121.92 cm
oil on board | kén:ie ohson'karà:ke iá:ore
Private collection | Karihwahséhton watkennisa'áhton (Bob Hatcher)

"KANIEN'KEHÁ:KA NA'TIA'TÒ:TEN NÓ:NEN ENKKONTSHERÁHRHO"

RYAN McMAHON rorihwanontonnión:ni ne TOM WILSON TEHOHÁHAKE

Ohrón:wakon, Kaniatarí:io, Onerahtóhkha 24, 2021

Ryan McMahon: Hao'. Káton enhsatatenà:ton, ne tsi nisaren'nhà:'on.

Tom Wilson Tehoháhake: Hao' ki', hátskwi, Tom Wilson Tehoháhake nì:'i. Káton onhwa'kéha Kanien'kehá:ka ranonión:ni enkatatenà:tonhkwe. Kà:ron niwatià:tate, sénha kerihwí:saks.

RM: Teionkenihtharáhkwen kí:ken saio'tenhseraséstsi, *Kanien'kehá:ka Ronterí:ios, Rontó:rats & Rotiiá:ner.* Saterihwahnhónteren oh nontié:ren nè:'e wahthsén:non.

TWT: Ó:nenk tsi wa'tekherihwakhanión:ha'se nón:kwe tsi nikatiéhrha tánon nè:'e aorì:wa tsi ó:nenk tho na'kahsennò:ten wa'khsén:non. Wathró:ris tsi ní:kon tewakahsi'tià:khons nahsá:takon ne tsi ní:tsi katatienté:ri, nè:'e aorì:wa tsi nè:'e wa'khsennará:ko, ne ki' naón:ton ón:kwe aiako'nikonhraién:ta'ne tsi Kahnawà:ke tsi kanonstá:ton khiatónhkhwa tánon kkaratónhkhwa.

RM: Nè:'e ken karihwaientáhkwen kí:ken kaio'ténhsera?

TWT: Nè:'e wate'nientenhstáhkwen tsi ní:tsi tewakatstikáwhen Ohrón:wakon tsi niiò:re Kahnawà:ke, tánon tsi ní:tsi wa'tewakatékha'se tánon tsi niio'kháhake tsi na'tetiatenatátere. Tsi niio'kháhake, thí:ken oieròn:ta aó:wen, kwah orì:wa kénhne. Nek tsi tsi ní:tsi wa'tewakatékha'se akwatetshenhserá:kon, tánon tsi ní:kon kenk niwaterì:was tewakékhen tsi wa'katahónhsatate akwatekhwa'rahtsheraktóntie ken' shikà:'a, wa'kate'nién:ten akenón:wakon akéta. Khò:ni tóka' iah tewakate'nién:ten eh nátiere, sénhak eh wa'kontéta. Thóha akwé:kon ontéta kaskaraton'kéhshon tánon thí:ken teskaién:tare ionkwáhson; ka'nowa'kéhshon tsi niká:ien wakkontsherahrhóhseron. Eh nikakarò:tens néne karì:wes shiwakehrhá:re akkaratónnion.

RM: Tsi ioterihwíson tahsherihwakhanión:ha'se nón:kwe ne ken' nahò:ten, tho ken nontaiawenonhátie tsi sateta'én:ni nahse'nikonhraién:taste? Nè:'e tsi sénha thsennowá:nen tsi saterennótha. Wahsate'nién:ten ken nahshehró:ri ok nahò:ten tsi ní:ne, "He, sewate'nikòn:raren ne ken' nahò:ten nè:tsi ostón:ha ó:ia ní:ioht ne kí:ken." Tho ken ní:tsi sattó:kas tsi iesate'nekaronhkwén:ni?

TWT: Iah, kwah iah othé:nen tewakattó:ken tsi ionkwate'nekaronhkwén:ni eh naontié:ren. Ó:nen ia'teioierì:'on tsi nikarì:wes kanonwà:ke shiwatió'te tánon iah othé:nen tewakatkáhthon tóka' káneka karistì:seron tsi na'tekónteron tsi khiá:tons, tsi katerennón:nis, tsi kenonión:nis. Eh nón:we tkì:teron tsi nón:we nowén:na, ohsóhkwa, karén:na, tánon oieròn:ta akwé:kon wake'nikonhraién:ta's thí:ken, tánon akwé:kon wakewén:nara's.

RM: Nó:nen káti' tho nikawennò:tens, tho nikaieron'tò:tens tánon tho niwahsohkò:tens entkontáhsawen enkontotáhsi sahén:ton, tánon aterièn:takon entkontè:neste, oh ní:tsi ia'tensarihwaién:ta'se tsi tkana'tsheraierì:ke tesen'terontà:'on skátne ne tho niwaterien'tò:tens? Káton ne ken' nikaieron'tò:tens tánon ken' niwahsohkò:tens eh nón:we iotike'tóhtha akwé:kon tsi nikana'tsherá:ke saió'te? Tóka'ni nó:nen tenhstó:kenhte nahò:ten, enhsì:ron ken "Enkakontsheráhrhon thí:ken" tóka'ni "Enkarennonníhake thí:ken"?

TWT: Hao' ki', tékeni teiohá:te enkkwé:ni enkháhara'ne kí:ken. Énska iohá:te néne nek anitskwahráhne ok thenhsitskó:take ia'tenhskà:nerake óskare kanastonhkwà:ke tóka'ni ne iah othé:nen té:kara kara'wistà:ke tóka'ni ne iah othé:nen té:kare kawennarástha katsiserà:ke kwah tesenì:niote ne tho niwatenatò:ten ao'shatsténhsera. Sok iohá:te néne ok thienhsià:ten'ne. Akì:ron, nó:nen iah othé:nen té:kare kanastonhkwà:ke ia'tehskà:nere kwah sonhnhétie ne ken' nón:we teionkwarahsi'taken'seráhkwen. Ok thontesanonhtonnihátie ne sa'shatsténshera ne nahò:ten karónnions kanastonhkwà:ke kwah iononhtóntie. Sok thò:ne sénha atonhnhétsne sataweià:ton tánon kwah tho nón:we aó:wen ahsaterakén:rie. Kwah ne aó:wen taietsatekháhsi ne ken' nón:we teionkwarahsi'taken'seráhkwen. Teiontohetstáhkhwa sheionnién:ni néne iah kwah thaón:ton tahsataterihwathè:ten. Kón:nis nahò:ten néne ioniahé:sen oh ní:tsi ieiéhes nón:kwe; ne tsi ní:tsi iakaonhnhà:reks. Tánon, wáhi, ótia'ke kwah iakonehrákwas tsi niienòn:we's natio'ténhsera, tánon ótia'ke entsontóhetste ionnonhtónnion tsi ieksà:'a iakóhson. Ostón:ha ki' wáhi teiotonhontsóhon eh nakénhake. Watieron'tatié:sens, watahsohkwatié:sens tánon watié:sen naieién:tere'ne karónnion néne enwá:ton í:non niiò:re aontaiontkáhtho nón:kwe, tóka'ni enwá:ton ieksà:'a eniontkáhtho tánon eniesahró:ri nahò:ten nè:'e. Nek tsi tóka' sénha ákta enhsáttate, tsi sénha enhsate'shén:non, sok enhsatkáhtho tsi sénha é:so iorì:wake tkarónnion. Tó:k nikaká:res tiohtentionhátie eh nón:we. Tánon tho niwakónhnhawens tsi nonkwá:ti nì:'i.

Aktóntie ne 1997, 98 takatáhsawen tsi kkontsheráhrhos. Takatáhsawen tsi kkontsheráhrhos nè:tsi wa'kate'nién:ten aonsakathnekó:kewe tánon wà:kehre tóka' ok nahò:ten orì:wa nátiere, tánon tiótkon shiwakon'wéskwani nakkontsheráhrho nek tsi iah nonwén:ton kwah tewakhaharà:'on. Tánon tho nón:we iahonkì:teron ka'nikonraientahtsherá:kon. Tánon tontáhsawen wa'tkontité:ni tsi niiotinoniò:ten ne kakontsherahrhóhseron. Ó:nen 10 niiohserá:ke shiahà:kewe tsi kkontsheráhrhos nó:nen kheièn:'a wa'onkhró:ri, "Aó:wen tóhsa aonsahskontsheráhrho ne ken' nahò:ten, Rákeni. Shéhkhwas ónhka tsi niieweiennò:ten." Ne tho shikahá:wi, tsi wakenontsistahnirónhne, wa'kì:ron, "Oh na'kanenneri'tò:ten thí? Nahò:ten kwah sahtharáhkwen?" Wa'tierihwáthe'te wa'è:ron, "Eh nahò:ten nó:nen énhsatste nakò:ren tsi niieweiennò:ten, nó:nen enhsenénsko akote'nienténhtshera, tsi niiakononiò:ten nakò:ren tsi niieweiennò:ten, tánon sarihwà:ke khok thénhsatste, í:se khok tha'tenhsatèn:tsha." Tánon tontakatá:ti, wa'kì:ron, "Nek kkontsheráhrhos kí:ken." Thò:ne, oié:ri niiohserá:ke ontóhetste, onktó:ken'se tsi tó:kenske tsi konkwehón:we. Kwah shontié:ra tsi ken' ní:tsi kkontsheráhrhos; thí:ken ionehrákwaht, iótkon tsi niionhontsò:ten onekwénhsa awehiahráhtshera.

RM: Tkawennarónnion ne kakontsherahrhohseròn:ke. Nahò:ten ki' wa'káhente tsi wahskétsko saio'ténhsera? Ne ken ne owenna'shòn:'a tánon thí:ken teiokahróia'akt wate'nientenhstáhkwen? Káton ok énska énkenewe? Nè:'e aorì:wa kerihwanón:tha kí:ken ase' ken é:so tsi tio'nikonhratihénthoht tsi tóka' é:ren ia'ténhsta'ne enhsatkáhtho kakonhsowá:nen nek tsi nó:nen ákta enhsáttate, enhsáttoke tsi tkawennarónnion. Íhsehre ken tsi akwé:kon nón:kwe enióntien tánon eniewennahnó:ton akwé:kon ne kakontsherahrhóhseron?

TWT: Iah, é:so tsi tenhsaterien'taká:ri tánon ensanonhwarori'tón:ni neh náhsiere. Iah kwah teió:wen ne aiewennahnó:ton. Nahò:ten kahentétie? Kwah ne shà:ka karihwanón:ton tsi nonkwá:ti aionterennón:ni: Nahò:ten kahentétie, tsi ní:tsi waterenní:ne káton ne tsi ní:tsi karén:nare? Nè:'e kontihentétie ne oieron'ta'shòn:'a, sok ne ohsóhkwa nek tsi é:so tsi iotinaktowá:nen tánon é:so ionáktote. Niá:re wà:kehre iaonrahkwánion akón:ni ne ionakténion nonkwá:ti, kwah tho nà:tiere shontakatáhsawen tsi kkkontsheráhrhos, nek tsi thò:ne onktó:ken'se ó:ia wakerì:waien nakathró:ri sok wà:kehre tsi entio'nikonhratihenthóhton tóka' enkewennarónnion è:neken nonkwá:ti; wà:tieste owén:na iaonrahkwánion. Thóha akwé:kon tsi nikaio'tenhserá:ke kawén:nare. Kwah nè:'e karihón:nis tsi kkontsheráhrhos. Kwah nè:'e tetewatia'tatihénthos aonsakkontsheráhrho; tiokontáhkwen iorihwató:ken. Iotkà:te ken' neniá:wen, enkehnhotónko nakewennarástha sok eh iénske tsi nón:we ken' nahè:'a tewakhiá:ton, tánon enkka'én:ion thí:ken. Sok ensekka'én:ion ne kakontsheráhrhon sok thò:ne enkewennarónnion kakontsherà:ke. Kwah nè:'e ioterien'tahná:wate enkahnhotón:ko. Nek tsonhóntsa í:ken nakerihwà:ke, ne thí:ken kawennarónnion tánon teiokahróia'akt kanonión:ni. Kwah akwé:kon tekontatenón:tens.

RM: Tio'nikonhratihénthoht, tsi niwaterien'tò:ten ne kaweiennáhkhwen nè:tsi eh wahsataweia'tà:ne satòn:ne, 'Ne kí:ken katkáhthos. Ken' ní:tsi ke'néstha', kwah í:ken tio'nikonhratihénthoht thí:ken nè:tsi sa'nikonhró:kon iohronhátie; Oh ní:tsi káti' teioténion tsi ní:tsi teiokahróia'akt senonión:ni ne tho náhe? Oh ní:tsi sa'nikòn:rakon teiotténion tsi senonión:ni shontahsatáhsawen?

TWT: Kwah sénha iotaweià:ton natieròn:takon nòn:wa. Ne kanonión:ni, karén:na, karén:nare saieròn:takon ienwátaweia'te. Nek senonhà:'ak í:se tánon sate'nikòn:ra tánon eh nón:we sahská:neks iáhse. Tewakatohétston tsi kátstha é:so kaskará:ton kheh tkakè:ron akenonhskónhshon, ok nòn:wa eh iekéhtha tsi tkenonionnià:tha. Sok nó:nen eh ién:ke, enkkontsheráhrho tánon iah káneka thakahkwísron ne aontakatáhsawen.

RM: Tio'nikonhratihénthoht thí:ken. Sathahinónhtshera enwá:ton; athahinónhtshera, akì:ron, atatetshénrion. Nek tsi í:kehre ó:ni tsi ok thitionónhton tsi naié:iere tsi eniontatetshén:ri, tsi ní:ioht nó:nen, tsi wa'kahá:wi, entewate'nikonhrísa nó:nen ia'tenionkwaié:ri'se tsi ní:tsi tiónhnhe tánon entewarihwanòn:we'ne. Nek tsi tiokontáhkwen teionkwattenionhátie tsi tión:kwe, onkwa'nikòn:ra, onkwé:ri, onkwatónhnhets; kwah akwé:kon tewatténies. To niiò:re sehsathahí:ne eh nón:we?

TWT: Tsi niiò:re tsi tià:ta ienhona'kenhrón:ti. Tho niiò:re teiotonhontsóhon eniohahé:son. Ne ahsenonionníhake, iah nonwén:ton tsi tetkatástha thiáhsewe. Tiótkon sateristitáhkhe, kahrhakónhshon íhse. Teiotonhontsóhon tiótkon aonhara'kehkowáhne akatakhéhake ne sà:sere tiio'kéhrha tóka' íhsere tahsatèn:tsha nahò:ten tesatonhontsó:ni.

RM: Oh káti' nesa'nikòn:rawen thí:ken nahò:ten Art Gallery of Burlington iahsaterihwahténtia'te? Sénha ken tsi tetiohsatà:karahs iaháhse? Nè:tsi nó:nen enhshena'tón:ha'se ne kaio'ténhsera, kwah tsi ní:ne, 'a, ótkon', teiotonhontsóhon sénha atio'tenhserón:ni ó:nen. Aó:wen ken eh náhsiere?

TWT: Ne ken ne sénha atio'tenhserón:ni?

RM: A, iah. Aó:wen ken tsi na'tetiò:karahs iaonsáhse; tsi nón:we tionekhé:renht? Tsi nón:we tetiò:karahs tsi ní:ne, kahòn:tsi kaskará:ton?

TWT: Kwah tsi ní:ne kahiatónhsera tóka'ni karén:na atiá:kenhwe ne akerihwà:ke. Tho ní:ioht tsi ní:ne tóka' kanéntsote tsi kathahí:ne.

RM: Á:ienhre tsi kwah tokèn:'en sa'nikonhraién:ta's tsi ní:tsi sathahí:ne, tánon tsi niwaterien'tò:ten tsi náhsewe nè:tsi shena'tonnì:re, iah tho nón:we tehshahén:ta's, eh karátie tsi sathahí:ne. Nahò:ten nòn:wa? Oh na'karihò:tens tsotatén:ron?

TWT: Nek sewathahinónhtshera wa'kthá:rahkwe sha'khena'tón:ha'se, eh niwathahinonhtsherò:ten néne tiokontáhkwen shos enwakatétshen. Shikeksà:'a tiótkon shos Kahnawà:ke ienkatatia'ténhawe nakwatetshenhserá:kon; iotkà:te onkwatétshen tánon ontia'tó:ren'ne nó:nen iah tewakattó:ken. Eh niwatetshenhserò:ten néne akhson'kara'kéhshon tánon akenakta'kéhshon onte'seréshon sewakehiahrakwén:ni tsi tkaié:ri nahò:ten kattó:kas tánon tsi tkaié:ri tsi ní:tsi iohtentionhátie ne onekwénhsa awehiahráhtshera, tsi iah eh tewakennakerá:ton tsi nón:we teiotonhontsóhon aonkwennakerá:ton. Kwah shontié:ra tsi wakaterièn:tarahkwe ka' nón:we ní:kes natetshenhserá:kon,

Kwah tho nikonhnhò:ten tsi ní:ioht tóka' tsi náhe shikónhnhe eh náhe sonkwahtentionhátie. Ok na'ká:iere tsi onte'nienténstahkwe ne thi wa'kena'tonnihtsherakétsko ka' nón:we ne kwah tkì:teron. Nè:'e tontié:renhte wa'khewennà:ronke nakhwá:tsire, tánon, nek ié:ken wà:kkete tsi nikeweienno'tenhón:we. Nek ié:ken wa'ká:kete ne thi wa'kena'tonnihtsherakétsko. Kwah wísk niwáhsen áhsen niiohserá:ke ontóhetste tsi niiò:re onktó:ken'se tsi Kanien'kehá:ka na'tia'tò:ten, khé:re' káti' ken ioiánere akatatenaktótha'se. Iah thaonkehrhá:reke nakwé:kon tenkarihwa'serákwen tsi ní:kon kerihwanón:tha. Tó:k nikatenonhwarorì:ta tóka' á:kehre tsi akwé:kon enwatio'tó:ren'ne. Iah tho ní:tsi teioió'te. Kwah atieròn:takon nitió:wen ne ki kaio'ténhsera, tsi kenonión:ni. Tho ní:tsi tewatia'tahsaránies. Ì:'i akwá:wen. Nek teiotonhontsóhon skén:nen akanonhtónnionhwe ne tsi na'tia'tò:ten. Ioianerehón:we tsi wa'ketshén:ri ki karónnion, wakateriènː:taien ki' ka' nón:we í:kehre iá:ke tánon ne nahò:ten akate'nienténstahkwe, nek tsi tiótkon enkakonhsaronniónhake ken' ní:ioht. Ioterihwíson kí:ken. Akwé:kon ne ki kakontsherahrhóhseron, akwé:kon nahò:ten watió'te, ioterihwíson nen' nè:'e. Kwah nè:'e watiéhtha.

RM: Wáhsatste thí:ken owén:na "atónhnhets" ken' nahè:'a. Sok wahshthá:rahkwe nó:nen saió'te tsi tho iehséhtha ken' nón:we atonhnhétsne, tsi tewatonhnhetsherá:ien, tsi nón:we saieròn:takon nontaiawenonhátie thí:ken kaio'ténhsera tánon iewata'sénhtha sana'tsherá:kon. To niiò:re enwá:ton entitewaniarotáhrhoke thi atónhnhets? Káton kheh thientewaià:ten'ne eh nón:we?

TWT: Thok thí:ioht, wáhi, ne aonsahsehià:ra'ne nahò:ten ne thi waterien'tí:io, tóka' nòn:wa nè:'e aorì:wa tsi shawíhtha kawennáta's nó:nen tenhsatstekáwha tóka'ni nó:nen enhshiatonhserón:ni, ase' ken sótsi iosnó:re entsisa'nikonhrhénsheron. Iah thaón:ton kwah taiesenihnió:ten natónhnhets. Iah tekanién:te naontakonwaniarotáhrhoke tóka'ni akonwahsarón:ten tóka'ni iakonwèn:teron tsi nón:we í:se tesanaktiiò:se. Iah tekanién:te akonwahnhahtsherón:ni. Iah tsi ní:ne thaón:ton ahsetshén:ri natónhnhets, ne waterien'tí:io, karonto'tsherá:kon thiaesá:ti, iaonsáhshawe tsi tehsì:teron tánon ahskwatá:ko. Tkehtáhkhwa tsi ensatotáhsien nó:nen áonha iotateweiennentà:'on, iah nohén:ton.

RM: Ken' wátien ne nahò:ten í:sen: "Skén:nen thiwake'nikonhrón:nis ne akkontsheráhrho,

Tho nón:we katatetshénries tánon á:se skatatón:nis, Tho nón:we teniakwatatenéntsha ne akhsóthsera. Kanien'kehá:ka na'tia'tò:ten nó:nen enkkontsheráhrho." Ísi' nón:we teserihwáthe't ne nahò:ten í:sen.

TWT: Ará:nen ki' iah othé:nen tétewa ne nahò:ten wá:ken ne aonkwatéha'te. Ha, ha! Ioiánere ki' thí:ken nè:tsi sewatié:rens nek thenkì:ron ótkon. Iah, kwah tokèn:'en tó:ske thi. Watia'tanónstats, wáhi, ne tóhsa ostò:seri á:katste tánon akatkónte'ke. Wá:ton wáhi tsi orihwí:io tsi wakatateweiennentà:'on atié:na ne atónhnhets; tsi ok na'kaia'tò:ten sénha io'shatstenhserowá:nen katewentehtén:ni akonháhtshera. Nek tsi iah karihwiiostónhtshera té:ken, ì:'i tsi ní:tsi katátkens í:ken néne katatewentehtén:ni; akwathahinónhtshera tánon tsi teiakenì:neren ne thi.

RM: Nó:nen ki' enhskontsheráhrho, Kanien'kehá:ka nahsia'tò:ten. Ó:ia ken nón:we tió:nakte ne ahsáttoke eh nahò:ten ne tóhsa ahskontsheráhrho?

TWT: Iah, iah áre'kho. Akwé:kon noià:shon kwah tho ní:ioht tsi ní:ioht tóka' wakenó:wen. Tsi sahnhó:tons tsi iotehiahróntie tsi senonión:ni kwah sarihwá:wis ne í:se ahsá:ton. Tsi niiokwenhrá:ton átste iáhse eh nón:we, kwah ensáhton'se. He iakwatate'ken'okòn:'a, iah ne shà:ka tehatirihwanón:tha ne ken' nahò:ten. Iah káneka tha'tewakatékhen ne ia'takatehrháwe'este tánon akatorátha tóka'ni akahrhiohkawinéha. Iah othé:nen tewátien eh ní:ioht. Tsi ní:ioht thóha akwé:kon ítewa tsi kónhnhe, ó:nenk tsi ok thenkón:ni tsi ohén:ton wà:ke, tánon wa'ketshén:ri tsi nón:we wakkwéktha; tsi nón:we iah tekerihwanón:tha ónhka nì:'i.

RM: Tsi sa'nikòn:rakon tesáhthare tsi Kanien'kehá:ka nahsia'tò:ten; sanaktiiò:se ken ne kí:ken kakontsherahrhóhseron káton sanaktaksà:se? Ase' ken atónhnhets tánon awé:ri wate'nientenhstáhkwen ne kakontsherahrhóhseron, tánon tsi nón:we níhses. To nisanaktiiò:se nó:nen enhsatkáhtho kí:ken kakontsherahrhóhseron?

TWT: Kwah tokèn:'en wakenaktiiò:se skátne kí:ken ase' ken wakaterièn:tare tsi iah tekontirihwanón:tha nothé:nen ake'nikonhraién:taste. Saterièn:tare wáhi, tóka' ónhka teniewennanetáhko akwé:kon nahò:ten karónnion, ostón:ha ki' eniotehà:ton nè:tsi io'nikonhrahná:wate neh nahò:ten. Ok nahò:ten entkatié:renhte. Énska tsi nón:we entewatáhsawen sok ákte' nón:we iénsewe, tánon oh ní:tsi aonsahsatathré:wahte tóka' ne lo'nikonhriióhston teiotohetstonhátie saieròn:takon, sesnonhsà:ke? Tánon ó:ni, nek énska iokwèn:rare ne kí:ken, wáhi? Iah kakarakwé:kon tewathró:ris. He, iah iontohetstáhkhwa tekanenneri'tò:ten ne kanonión:ni.

RM: Eh niwatio'tenhserò:ten, enkatá:ti sok ok thenwáhton tóka' iah thakerihwáta. Ieiotkontáhkwen wate'nientenhstáhkwen ne kí:ken kakontsherahrhóhseron. Khé:re' káti' ken wakerihwaiè:was oh nihsonhnhò:ten nó:nen teiohserá:ke tsi náhe iesehsatkáhthos?

TWT: Tewatténies ne kaio'ténhsera. Sha'oié:ra tsi ón:wawe nek tsi iah tho ní:tsi, wáhi, thaón:wawe ne aesanontsistáia'ke. Iotkà:te tho í:wes ne kwah tokèn:'en enwarahséntho sho'kwà:ke. Tánon nè:'e wate'nientenhstáhkwen tsi nón:we nikathí:nene; tsi sonkwahtentionhátie.

RM: Ne thí:ken athahinónhtshera, kana'tonníhtshera, onterihwahtén:ti ákta shontakaiá:ken'ne ne sahiatónhsera, *Ioskatsténion lotewihrá:ron*.

TWT: Khé:re' káti' ken takahiatonhseríneken'ne ákta ne thò:ne. Wáhi. Tánon ia'katerennó:ten thí:ken ka'nikonhrí:io kanèn:rote ó:ni shontehnhotón:ko Burlington nonkwá:ti.

RM: Takahiatonhseríneken'ne ki', tánon takana'tonnihtsheríneken'ne. Oh kwah nesónhnhawen? Tsi ní:ne, "Ok énska akwé:kon ken' ká:ien. Ken' ká:ien tsi nikatiéhrha."

TWT: Tóka' nòn:wa shé:kon ken' niwake'nikonhrà:'a. Tóka' nòn:wa shé:kon ken' nitewatién:ha. Nek tewáhsen, tewáhsen áhsen niiohserá:ke ó:nen shikkontsheráhrhos, ne ki' shé:kon wakatonnì:'a eh nón:we, tsi niiò:re tewaka'nikónhrhare, ne niá:we akerennarónnion tánon akaterennó:ten, kaié:ri niwáhsen tsá:ta niiohserá:ke eh shikatiéhrha.

Tsi náhe shikónhnhe, tánon ákta ne kí:ken wísk niiohserá:ke shontóhetste, ákte' na'katié:ra'te tsi khwistón:nis tánon take'nikonhrakón:tahkwe tsi ní:tsi íties tánon kenonión:nis nè:tsi nè:'e wakateríhonte ne akenonionníhake. Iah tho nón:we thaonkwatkária'kse ne ohwistà:ke tóka'ni ne kahsennowanenhtsherà:ke. Saterièn:tare wáhi, kwah nè:'e satkarià:ki tsi enwá:ton enióhrhen'ne énhsie tánon á:re' eh nenhsehsátiere, tánon sate'shén:naien ahsate'nién:ten ahsón:ni tsi iah thetèn:re tekaién:tahkwe. Ohwísta í:ken nohwísta, ken' niteweéhtha tánon é:ren sewéhtha, tánon tiótkon eh neniohtónhake. Tánon tsi kenonión:ni, sewatié:rens ostón:ha sá:ien sok sewatié:rens ákte' nón:we tehsé:saks. Iaweronhátien eh nahò:ten. Enwá:ton éntie enióhrhen'ne. Enwá:ton enkkontsheráhrho.

RM: Í:kehre akà:kerahkwe tsi ní:tsi teiottenionhátie ne saio'ténhsera. Tsi ní:ioht ne sa'nowa'shòn:'a, Katkáhthos se' tsi ní:tsi o'nó:wa teiohkwà:ton ne tekatsi'nehtará:ron. É:so tsi ioio'tenhseráskats. Íhsehre ken tsi ne kén:ton tsi teiotténion ne saio'ténhsera tsi tekatsi'nehtará:ton wátston? Á:ienhre tsi ó:ia nikanoniò:ten eh nahò:ten, tsi ní:ne sénha ia'teiaoserèn:'en tánon sénha teiotakahrontà:'on.

TWT: Orihwí:io ki' nà:'a nek tsi nek onktó:ken'se eh nahò:ten ià:ia'k niwenhnì:take shontóhetste tsi niiò:re tsóhsera. Tánon òn:wak takatáhsawen akkó:wanahte tsi ní:tsi kenonión:nis. Skenen'shòn:'a ki' wa'kahténtia'te. Tó:ske wáhi tsi teiottenionhátie nek tsi tewáhsen áhsen niiohserá:ke ontohétste tsi niiò:re wá:ko ne kèn:'en. Shé:kon ken tewáhsen áhsen nisewakohserá:ien ne ken' ionhontsá:te? Aiá:wens ki'.

RM: Tohkára niiorì:wake í:kehre akhthá:rahkwe tsi énkhsa, tánon ne thí:ken tsi kanonhsí:io teskaierón:tare kwah í:ken tsi khá:ra's.

TWT: Niá:re, kheièn:'a akoterièn:ta kénhne eh nahò:ten. Onkwatera'swí:ioste se' tsi tionkwatenróhon wa'ontié:na'se wa'onke'nikonhraientásten oh ní:tsi takakhánion eh nahò:ten ne Art Gallery of Burlington nonkwá:ti. Kwah tó:ske ká:nakte wa'onkónnien. Takaháhara'ne ne akwathahinòn:ke. Kwah ohén:ton wa'téktaste tsi wa'kena'tonnihtsherakétsko ase' ken nè:'e wate'nientenhstáhkwen ne thi kanonión:ni nakwé:kon nahò:ten nitiawénhseron eh nón:we tsi kanonhsí:io. Ne tho nón:we tsi tkanonhsí:io, ostón:ha iokaiòn:'on, ioniténhton tsi ní:ioht tánon kahnhó:ton. Nek tsi orihwakwé:kon ne nahò:ten kwah onkwatekstéhten shikeksà:'a — George Wilson, tsi niká:ien wahakwehià:ron, raotahkwénnia shotahrnéha tánon raó:wen tekahwistahrónnion, tánon tsi wa'thoròn:weke shahonterí:io tekeníhaton — iah nek té:ken tsi wakaterièn:tara tsi wa'thoròn:weke tsi wahaterí:io ne Koráhne raotirihwà:ke, ne ó:ni tsi ehtà:ke wahá:ien tsi rónhnhe naón:ton sénha aontianerénsten tsi kónhnhe. Tiótkon nè:'e iorihowanénhne. Bonnie Wilson waharihwará:ko tsi raterennaiénhnes nek tsi tsi tkanonhsí:io onterakén:rie thi raohnhíhtshera, ótkon. Ok nahò:ten ó:ni ísi' nón:we ne thi, Burlington nonkwá:ti tsi tkentskaráhere wa'akwahá:ren a'nó:wara ao'nó:wa. Tho wa'kéta ne teiohsotsherá:ne rakhsótha raià:tare, kwah iotahkwenniatkwéniens rotia'tahserón:ni, skén:nen kanén:nawen raiénhne Parliament Hill nón:we (pp. 22, 81). Tho wa'kéta kana'tonnihtsherá:kon akwé:kon tsi ní:kon wakenekhé:rens ne tsi na'tia'tò:ten; onhóntsakon; tsi nahò:ten aó:wen tewakatohetstánion, tewakatonhontsoníhne tetsarónhkwen na'orì:wati aonte'nientenhstáhkwen. Ne ki okónhsa kkontsheráhrhos, ki onekwénhsa awehiahráhtshera, tsi nahò:ten tewaià:takon tkonnónhnhe iaweronhátien nahò:ten teionkwahkwatasè:ton, tsi nahò:ten onkwahsótshera tionkhihawihtén:nis — akwé:kon thi, wa'kaská:neke thi aonte'nientenhstáhkwen ne tho tká:nakte nonkwá:ti. Sok ne thi akwatetshénhsera. Tiótkon ohén:ton tenská:ta'ne ne thi atetshénhsera tsi niká:ien tewakeniatariia'konhátie, kwah í:ken tsi watetshenhserowá:nen. Iah tekatiesáhtha thi atetshénhsera. Tsi enwá:ton ó:nen aontakanonhtonnión:ko, katkáhthos tsi tiotkonhón:we akhén:ton shí:kate ne Kanien'kéha ate'nienténhtshera.

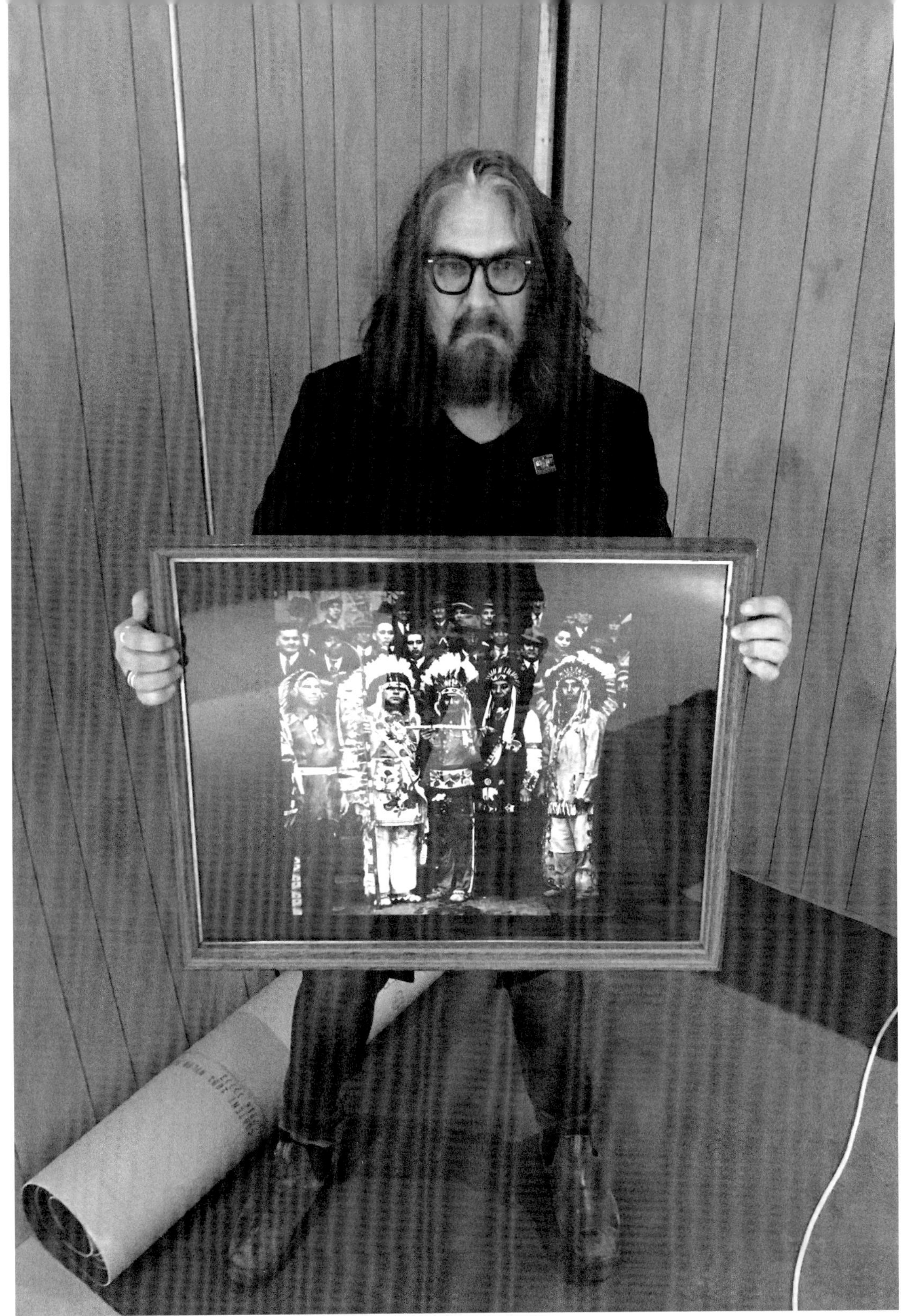

(David Liss)

(pp. 82–83)

Guitars | Ionterennotáhkhwa o'nó:wa, 2018
Private collection | Karihwahséhton watkennisa'áhton (José Crespo)

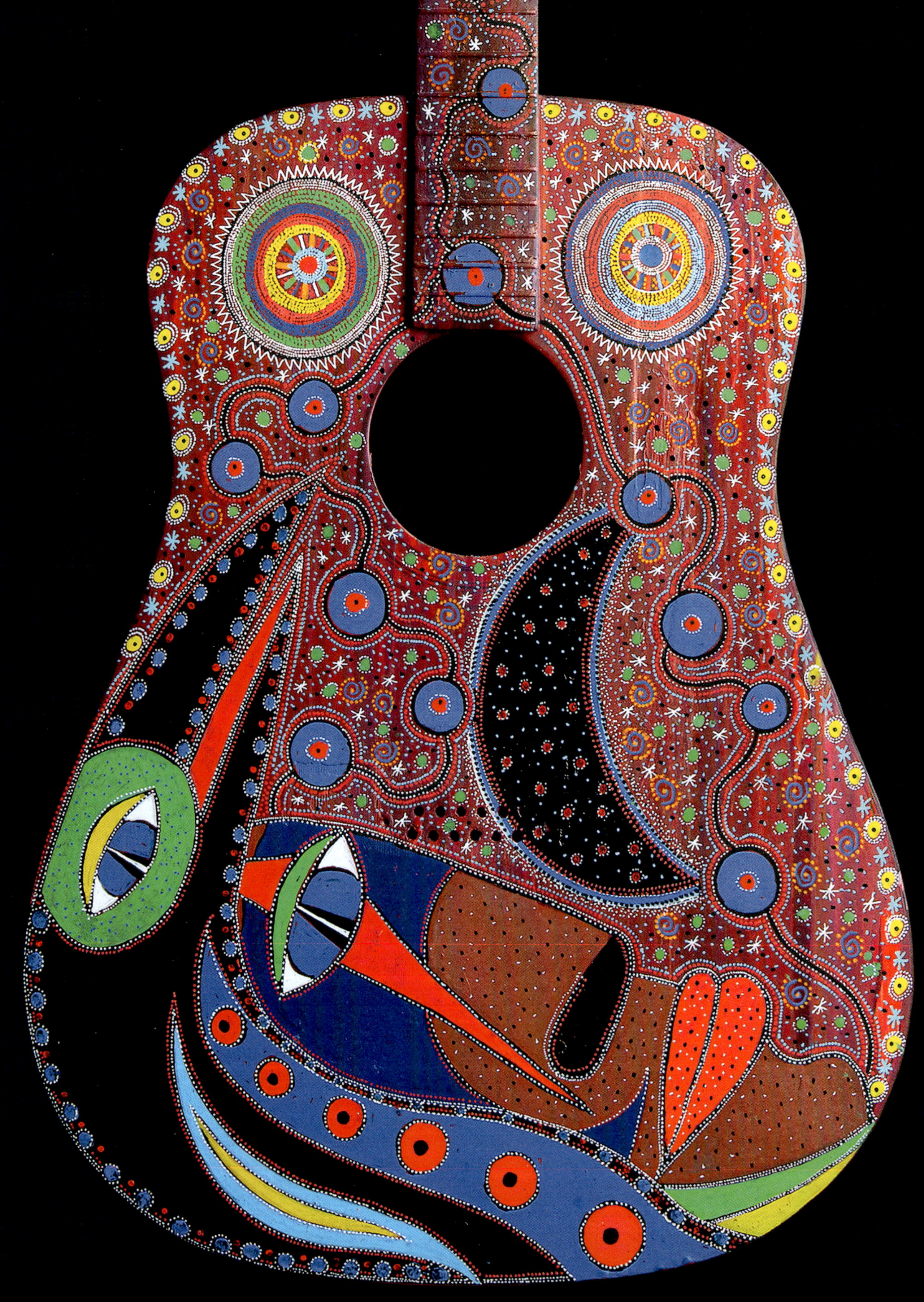

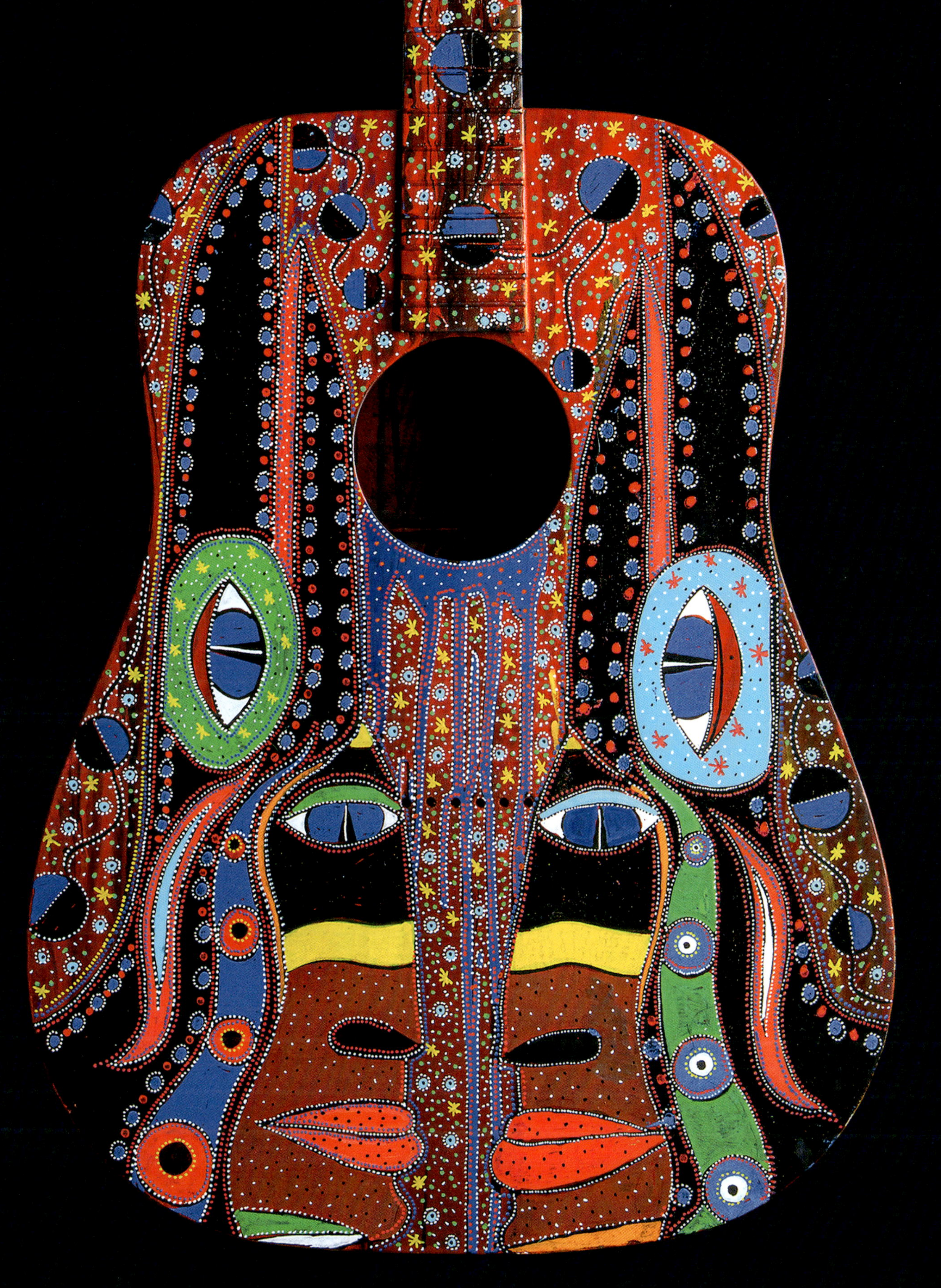

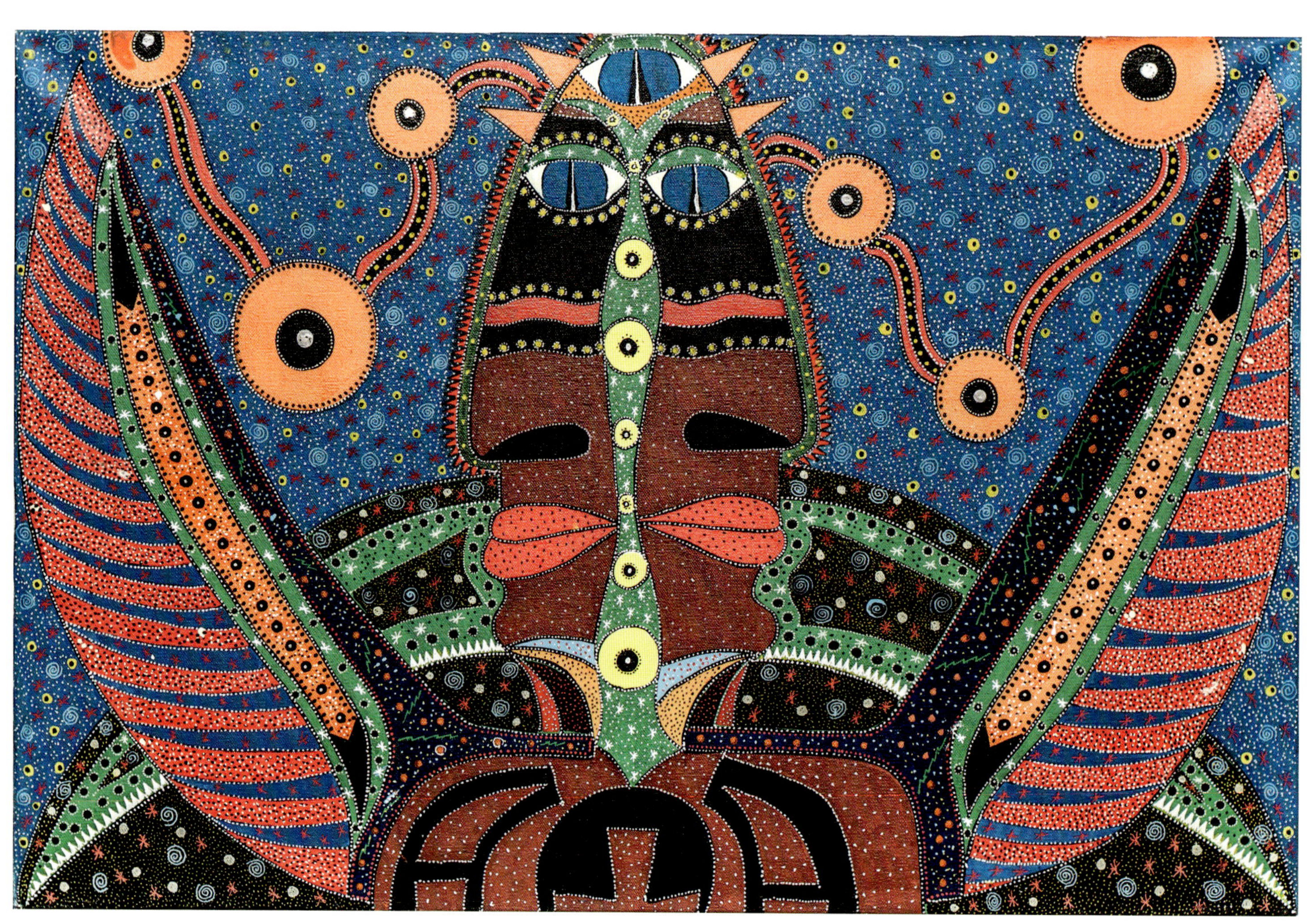

Traveller | Tehatstikáwhas, 2021
60.96 cm × 88.9 cm
oil on canvas | kén:ie kaskaratòn:ke iá:ore
Collection of Sony Music | Sony Music watkennisa'áhton (Bob Hatcher)

CONTRIBUTORS

Tom Wilson Tehoháhake is a multidisciplinary artist working in music, songwriting, literature, and contemporary art. In 2023, he was appointed as a Member of the Order of Canada in recognition of his multifaceted contributions to the arts, as well as for his advocacy of Indigenous communities in Canada. Tom has been drawing, painting, and creating visual art since the mid-1990s. *Mohawk Warriors, Hunters & Chiefs* is the first publication dedicated to his visual art practice.

David Liss is a curator, writer, and artist currently living in Toronto. From 2000 to 2020, he was the director, curator, and artistic director of the Museum of Contemporary Art Toronto. From 1995 to 2000, he was the director and curator of the Gallery of the Saidye Bronfman Centre for the Arts in Montréal. During the early 1990s, he contributed art and music reviews to the *Montreal Gazette*, *Vice*, *Canadian Art*, and other publications. Since the late 1980s, he has organized, curated, written texts and essays, published books, and developed interdisciplinary programs for numerous exhibitions and projects in Toronto, Montréal, and venues across Canada and internationally. In 2018, David curated the exhibition *Beautiful Scars: Mohawk Warriors, Hunters & Chiefs* at the Art Gallery of Burlington, which was also presented at the Grimsby Public Art Gallery in 2020.

Ryan McMahon has been on the cutting edge of Indigenous comedy and storytelling for two decades. McMahon is an independent creative whose artistic legacy is built on risk-taking, innovation, and irreverent and bold storytelling. He's an award-winning writer, a critically acclaimed journalist, a highly sought-after keynote speaker and presenter, and one of the best Indigenous comedians working today. In April 2021, Ryan interviewed Tom Wilson Téhoháhake for this publication at Wilson's art studio in Hamilton, Ontario.

TSI NIHÁ:TI THONATKÀ:WEN

Tehoháhake — Nia'tehaweientehtsherá:ke ranonión:ni tsi karén:na roió'te, raterennón:nis, rahiatonhserón:nis tánon onhwa'kéha kanón:wa. 2023 shiiohserò:ten wahonwarihón:ten Member of the Order of Canada tsi wa'thonwanonhwerá:ton tsi ní:kon thotkà:wen tsi nonkwá:ti ne ononwà:ke, sénha tsi rahsennowá:nen tsi raterennótha, ne ó:ni tsi ní:kon shakoia'takéhnhen Nonkwehón:we tsi thatinakerénion ne Koráhne. Sha'tewahsén:nen ne 1990 shiiohserò:tens shihakontsheráhrhos, shiharástha tánon teiokahróia'akt shihanonión:nis. Nè:'e ne tiotierénhton tewathiatonhserarenià:ton ne *Kanien'kehá:ka Ronterí:ios, Rontó:rats & Rotiiá:*ner néne tetiatenro'ón:we tsi teiokahróia'akt ranonión:nis.

David Liss — Iorihwakaiòn:seron tsi iontkahthóhtha raterihwatsterístha, rahiá:tons tánon ranonión:ni tánon Tkarón:to thèn:teron. 2000 tsi niiò:re 2020 Ohén:ton Rá:tahkwe, Raterihwatsterísthahkwe tánon Ratinonión:ni Ratenenhratsterísthahkwe ne Museum of Contemporary Art Toronto. 1995 tsi niiò:re 200 Ohén:ton Rá:tahkwe tánon Raterihwatsterísthahkwe ne Gallery of the Saidye Bronfman Centre for the Arts Montréal. Shiiotonnì:'a ne 1990 shiiohserò:tens ken' ní:kon kanonión:ni tánon karén:na aotirihwà:ke wahahiatónnion ne *Montreal Gazette*, *Vice, Canadian Art*, tánon oià:shon tsi teionthiatonhserarenia'táhkhwa nonkwá:ti. Shiiottíhen ne 1980 shiiohserò:tens wahakwatá:ko, wahaterihwatsté:riste, wahiahiatónnion, wa'thathiatonhserarénia'te tánon wahakétsko nia'tewaterien'tarahtsherá:ke kentiohkón:ni ne kana'tonníhtsherote tánon waterihwahtentià:ton aotirihwà:ke tsi nonkwá:ti ne Tkarón:to, Tiohtià:ke, tánon ó:ia nonwè:shon ne korahnéhshon tánon tsi niionhóntses. Ne 2018 shiiohserò:ten David wahaterihwatsté:riste tsi wahana'tonnihtsherakétsko ne *Ioskatsténion Iotewihrá:ron: Kanien'kehá:ka Ronterí:ios, Rontó:rats & Rotiiá:ner* ne Art Gallery of Burlington nonkwá:ti, ó:ni tsi nonkwá:ti ne Grimsby Public Art Gallery ne 2020 shiiohserò:ten.

Ryan McMahon — Ó:nen teiohserahsenhserá:ke shihahén:te ne Onkwehonwehnéha ratiswa'tón:nis tánon ratiká:ratons. Ratatewenní:io tsi ranonión:ni ne McMahon néne eh nitiawenónhton tsi nihaweién:te ate'nikonhrahtshahnihtsherá:kon, aterien'tatshenriehtsherá:kon, tánon tsi nonkwá:ti ne iokenhren'serónnia't tánon iokonhsahní:ron nikakarò:tens. Oron'ónhkwa tehotèn:tshon tsi rahiá:tons, kwah í:ken tsi ionòn:weht tsi raterihwató:rats, kwah í:ken tsi tehoia'tatirón:taht tsi shakowén:nara's tánon tsi shakotá:tis, tánon eh raia'tarátie tsi niká:ien ratihén:te ne Onkwehón:we ratiswa'tón:nis òn:wa wenhniserá:te. Onerahtóhkha 2021, Ryan wahorihwanontonnión:ha'se Tehoháhake ne ken' tewathiatonhserarenià:ton aorihwà:ke tsi nonkwá:ti ne Wilson tsi thanonionnià:tha Ohrón:wakon, Ontario.

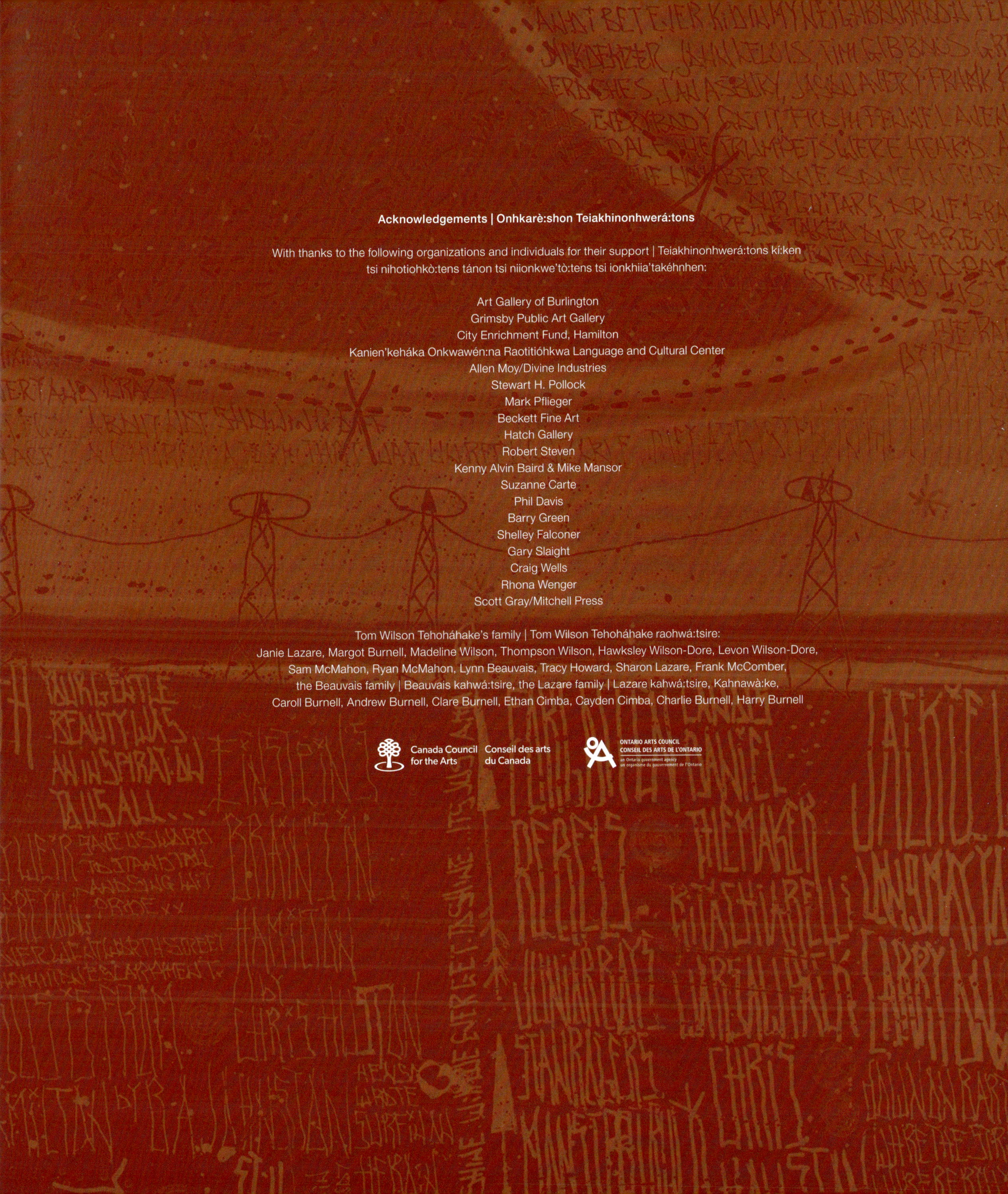

Acknowledgements | Onhkarè:shon Teiakhinonhwerá:tons

With thanks to the following organizations and individuals for their support | Teiakhinonhwerá:tons kí:ken tsi nihotiohkò:tens tánon tsi niionkwe'tò:tens tsi ionkhiia'takéhnhen:

Art Gallery of Burlington
Grimsby Public Art Gallery
City Enrichment Fund, Hamilton
Kanien'keháka Onkwawén:na Raotitióhkwa Language and Cultural Center
Allen Moy/Divine Industries
Stewart H. Pollock
Mark Pflieger
Beckett Fine Art
Hatch Gallery
Robert Steven
Kenny Alvin Baird & Mike Mansor
Suzanne Carte
Phil Davis
Barry Green
Shelley Falconer
Gary Slaight
Craig Wells
Rhona Wenger
Scott Gray/Mitchell Press

Tom Wilson Tehoháhake's family | Tom Wilson Tehoháhake raohwá:tsire:
Janie Lazare, Margot Burnell, Madeline Wilson, Thompson Wilson, Hawksley Wilson-Dore, Levon Wilson-Dore, Sam McMahon, Ryan McMahon, Lynn Beauvais, Tracy Howard, Sharon Lazare, Frank McComber, the Beauvais family | Beauvais kahwá:tsire, the Lazare family | Lazare kahwá:tsire, Kahnawà:ke, Caroll Burnell, Andrew Burnell, Clare Burnell, Ethan Cimba, Cayden Cimba, Charlie Burnell, Harry Burnell

Canada Council for the Arts | Conseil des arts du Canada

ONTARIO ARTS COUNCIL
CONSEIL DES ARTS DE L'ONTARIO
an Ontario government agency
un organisme du gouvernement de l'Ontario